中国票据市场研究

(2022年第1辑 总第10辑)

中国票据研究中心 编

中国金融出版社

责任编辑：黄海清
责任校对：李俊英
责任印制：程　颖

图书在版编目（CIP）数据

中国票据市场研究. 2022年. 第1辑／中国票据研究中心编. —北京：中国金融出版社，2022.9

ISBN 978-7-5220-1705-1

Ⅰ.①中… Ⅱ.①中… Ⅲ.①票据市场—中国—文集 Ⅳ.①F832.5-53

中国版本图书馆CIP数据核字（2022）第136316号

中国票据市场研究. 2022年第1辑
ZHONGGUO PIAOJU SHICHANG YANJIU. 2022 NIAN DI-1 JI

出版
发行　**中国金融出版社**

社址　北京市丰台区益泽路2号
市场开发部　（010）66024766，63805472，63439533（传真）
网上书店　www.cfph.cn
　　　　　（010）66024766，63372837（传真）
读者服务部　（010）66070833，62568380
邮编　100071
经销　新华书店
印刷　河北松源印刷有限公司
尺寸　185毫米×260毫米
印张　8.75
字数　120千
版次　2022年9月第1版
印次　2022年9月第1次印刷
定价　49.00元
ISBN 978-7-5220-1705-1
如出现印装错误本社负责调换　联系电话（010）63263947

编 委 会

编委会主任：宋汉光
编委会委员：（按姓氏笔画排序）
　　　　　　孔　燕　包　柳　刘莉亚　李　唯　李　敏
　　　　　　林榕辉　郑少华　侯　林　董继松

主　　　编：宋汉光
副 主 编：孔　燕　刘莉亚
执 行 主 编：颜永嘉
本期责任编辑：沈艳兵　李智康

理 事 单 位：上海票据交易所
　　　　　　上海财经大学
　　　　　　中国工商银行
　　　　　　中国农业银行
　　　　　　招商银行
　　　　　　上海浦东发展银行
　　　　　　兴业银行
　　　　　　中国民生银行

目 录

特 稿 ... 1
新发展格局背景下票据在产业链供应链中的应用研究　　宋汉光　3

市场研究 ... 35
传递商业信用，赋能中小企业
　　——供应链票据发展渐入快车道　　童泽恒　陈　佳　37
新金融工具准则对银行票据业务影响分析　　谢康康　黄家驹　47
加快推进绿色票据实践，助力碳达峰、碳中和目标实现
　　　　　　　　　　　秦书卷　李紫薇　詹雅丽　64
金融科技在用票企业画像的实践　　王鹏程　王海洋　76
票据市场违约处置机制浅析　　谢晶磊　周雨薇　90
基于应收账款票据化的供应链金融路径研究　　师伟哲　106

国际经验 ... 123
国际金融动态　　上海票据交易所　编译　125

特　　稿

新发展格局背景下票据在产业链供应链中的应用研究

宋汉光[①]

[摘 要] 完善与产业链供应链相适应的金融产品和服务体系，是提升产业链供应链现代化水平、构建新发展格局的内在要求。本文从链上企业营运资本管理角度出发构建数理模型，并通过实证分析方法检验了票据对缓解链上中小企业融资约束、保持产业链供应链韧性和弹性等方面的作用。研究发现，票据在中小企业应收账款中的比例越高，则该企业的融资约束越低。原因在于票据具有凭证法偿、流动性高、融资体系健全等特点，可降低持票企业预防性现金储备比例，提高再投资比例和资金流转效率。进一步，通过复杂网络方法测度新冠肺炎疫情的冲击影响，结果表明票据网络的无标度特性使其在冲击下表现出较强的稳健性和弹性。

[关键词] 产业链供应链 票据 新发展格局 中小企业融资 网络弹性

一、问题的提出

党的十九届五中全会确立了构建以国内大循环为主体、国内国际双循环相

[①] 宋汉光，上海票据交易所董事长、管理学博士、研究员，课题主持人。课题组成员包括罗丹阳、王凌飞、贺畅达、孙馨瑶、李文涛。本文系作者个人观点，与所在机构无关。

互促进的新发展格局，这是我国进入新发展阶段、贯彻新发展理念实现经济现代化的战略选择（王一鸣，2020；黄群慧，2021）。构建新发展格局的关键是实现经济循环的畅通无阻，进而实现社会再生产的持续。而要实现经济循环的畅通无阻，就必须保证产业链供应链的高效和安全稳定（盛朝迅，2021）。产业链供应链通过一定的技术和生产关联，将国民经济中各个产业及企业按照特定的逻辑关系和时空布局联结起来，它是重要的产业组织方式和支撑经济发展的基本架构。保证产业链供应链的高效和安全稳定，就是要保证生产、分配、流通、消费等各个环节的畅通，保证产业间、企业间、国家间、地区间的通达，同时保证货物、资金、信息、数据等要素的顺畅流转（王一鸣，2020；刘伟，2020；宋华、杨雨东，2022）。

在实践中，解决好链上中小企业的融资难题就是抓住了产业链供应链的高效和安全稳定的"牛鼻子"。首先，从要素上看，产业链供应链平稳运转的实现需要保证链上经济主体之间物流、信息流和资金流这三个基本要素（"三流"）的畅通。其中，资金流是"三流"中的基础，是产业链供应链的"血脉"，其畅通与否直接决定了产业链供应链的运行效率和质量。其次，从参与主体看，中小企业是产业链供应链中的重要节点，与核心企业一起构成了生产流通的产业网络。对于整个网络而言，中小企业虽小，却分布广泛，不少企业处于网络中的关键节点。然而，中小企业在经营、组织、资金获取等方面有一定局限，是产业链供应链的"短板"，是产业链供应链现代化的"阿喀琉斯之踵"。最后，从供应链金融实践来看，当前我国产业链供应链面临金融需求与供给的错配，传统金融供给不能满足产业链供应链的实际需求。例如，核心企业与中小企业融资错配、融资结构分化，链上中小企业"担保难""确权难"，进而融资难融资贵；供应链金融服务的深度广度不足、缺乏统一监管、数据整合难、风险事件频发、中小金融机构参与不充分；等等。然而部分供应链金融创新的"舶来品"水土不服，常常成为政策套利工具，或成本效率难以满足链上中小企业真实需求而被束之高阁。

那么，如何解决链上中小企业的融资难题呢？在文献和实务中，学者和从业者通常将供应链金融聚焦于应收账款保理、反向保理等业务以及银行或核心企业供应链平台的创新工具（江伟和姚文韬，2016；龚强等，2021；宋华，2021），反而忽略了票据这种传统的金融工具。实际上，票据（本文指商业汇票）虽是一种传统金融工具，却与产业链供应链上企业的融资需求特点较为契合。票据从签发承兑到背书流转再到贴现兑付，其流通轨迹就是产业链供应链。票据的本质和基础关系是企业间的商业信用，具有要式、链式和普惠特征，票据的流动性好，有完整的业务体系和完善的法规监管制度。在实践中，我国票据市场的发展伴随着改革开放进程，为加快商品流通、发展社会主义市场经济、解决企业间"三角债"拖欠和融资难题发挥了关键作用。当前票据市场为缓解产业链供应链上企业融资难题提供了"普惠"的工具和途径，票据背书流转次数加快、平均面额下降、票据贴现利率显著低于同期一般贷款利率，中小微企业已成为票据市场参与主体。

相较于其他金融领域，票据受到学者的关注较为有限。由于金融市场发展特征不同，国外有关票据市场的研究主要集中于商业票据（Choudhry et al.，2008；Kahl et al.，2015）。国内有关票据的研究则以法律、制度、业务探讨和分析为主（王小能，1999；谢多，2001；秦池江，2002；易纲，2003；杨子强和王晓青，2006；张强和曾涛，2008；董惠江，2010；汤莹玮，2018）。现有文献中，鲜有基于微观层面来探究票据的作用机制的研究，从产业链供应链层面对票据进行实证研究更是罕见。仅刘凤委等（2009）利用应付票据比例研究企业间的信任和商业信用模式选择，认为信任越低应付票据比例越高。然而，其分析立足点基于下游的赊购方（买方），忽略了因提供商业信用占用资金的弱势卖方。现实中，下游赊购方普遍处于强势地位，获得了更多上游卖方提供的商业信用（Fabbri和Menichini，2010；陆正飞和杨德明，2011）。胡悦和吴文锋（2022）就发现2008年以来上游供应商开始更倾向于为存在隐性担保的国有企业提供商业信用，而且大型企业和中西部国企商业信用融资上升更多。更为遗憾的是，社会一直对票据市场存在刻板印象，甚至有部分观点认为票据的贴现利息、手续费增加了中小企业财务成本和运营资金压力，压低了企业利润。

那么，票据发挥作用经济学机制如何？票据与产业链供应链上企业的融资决策有何关联？使用票据究竟是加重还是缓解了中小企业的融资约束？外部冲击下产业链供应链的票据网络的弹性和韧性如何变化？本文尝试从产业链供应链上企业的营运资本管理角度出发，构建票据运行的微观基础，利用企业微观财务数据对票据与中小企业的融资约束的关系进行实证分析。

相较于已有的研究，本文的贡献与创新之处主要有以下四个方面。第一，从产业链供应链上企业生产和财务决策角度推导了商业信用和票据存在的价值和意义。以往的研究多基于单个典型企业的销售或融资动机来研究使用商业信用的微观基础。本文将研究角度从点拓展到链，从企业在产业链条中保证生产、优化存货、降低现金成本角度进行理论分析。第二，将票据置于商业信用的分析框架中，从微观层面推导出了票据在经济生产中的作用。学术界和实务界对票据作用的关注多集中在融资成本低和可得性高，忽视了票据作为一种商业信用所发挥的信用功能。对运行机制研究的长期缺位会模糊票据的发展方向。本文则尝试构建票据微观基础来弥补现有研究的空缺。第三，现有票据相关研究集中在制度、市场和法律方面，本文则从企业微观层面对票据缓解中小企业融资约束的作用进行了实证研究，利用数据来印证票据的作用，作为对现有票据研究的补充。第四，我们将新冠肺炎疫情冲击作为自然实验，研究两个典型的产业链供应链中票据链的弹性和韧性。

二、理论模型构建

在本部分，我们构建了产业链供应链上企业在营运资本管理时的决策模型，进而分析纯现金交易、可以赊账和引入票据时，上下游企业的最优持有现金和最优投资比例的变化。为此，本文结合并扩展了Baumol（1952）、Miller和

Orr（1966）的现金需求模型以及Bougheas等（2009）的存货成本模型，从交易过程中的企业财务决策角度，推导商业信用供给方和使用方的决策过程，进而分析商业信用和票据对链上企业缓解资金占用压力以及融资约束的作用。

（一）基本设定

在完全竞争市场中，产业链供应链中两家企业A和B，A是上游供货商，B是下游销售商，二者都是市场价格的接受者。企业持有两种类型的资产：现金和非现金资产。企业需保持一定数量的现金水平，以供支付的预防性需求及投机性需求。非现金资产包括企业购买证券或定期存款等，可以理解为投资账户，边际收益率或平均收益率为i。同时，非现金资产还包括存货。

由于未来销售存货会面临价格下降的可能或者库存产品需要仓储成本，因此保有存货的收益是负的，收益率为$-v$。当企业现金不足时，可以瞬时将投资账户部分资产转变为现金（不考虑转换的时间成本），通过变卖证券或提前取出定期存款，假定每次取出现金C，损失的交易成本为$b+kC$（主要指非利息成本，包括中介费、资产的本金损失、管理成本等）。b是每次交易的固定成本，浮动成本是提款金额C的k倍，b和k都是常数。

持有现金的利息损失是将这些现金投资证券的机会成本$i \cdot C$。每家企业都在追求其成本最小化，保持最优的库存水平，并且通过权衡现金持有的边际收益和边际成本，确定最优现金持有水平C^*。在这样的现金水平下，企业可以保证交易的顺利支付，最小化现金持有成本，同时能够使投资最大化，从而获得最大的投资收益。

（二）完美市场假设下钱货两清的贸易：不存在商业信用时链上企业营运资本管理决策

情景1：完美市场假定。满足以下条件：（1）在不存在商业信用的情况下，贸易双方必须"钱货两清"；（2）货物由A稳定生产，并且以稳定的物流运达B，B又将货物稳定地售出并且获得稳定的现金流。

在一个无摩擦的完美市场中，所有生产、交换都是充满确定性的完美过程。对于下游企业B而言，每日的现金流是稳定的，从企业A购入商品所需支付的现金在每天都一致。此时企业B的目标是使持有现金成本最小化：

$$\min_{C} \left\{ (b+k \cdot C) \cdot \frac{T}{C} + \frac{i \cdot C}{2} \right\} \quad (1)$$

式（1）中企业持有现金的成本包含两项。第一项是将投资账户转为现金所需的转换成本。T为一定时期内所需资金，每次从投资账户转换C，则这段时期共支取T/C次，转换成本又包括固定费用$b \cdot T/C$和与转换金额相关的浮动部分$k \cdot T$。第二项是持有现金所损失的利息收入，用于支付货款的现金流为固定金额和频度，现金账户的变化也匀速下降，直至清零，其后再转换现金C。因此，现金账户的平均余额为$C/2$，持有现金的机会成本为$i \cdot C/2$。企业持有现金成本最小化的一阶条件为

$$-\frac{b \cdot T}{C^2} + \frac{i}{2} = 0 \quad (2)$$

进一步求解得到每次转换的现金的最优水平为

$$C^* = \sqrt{\frac{2bT}{i}} \quad (3)$$

平均的持有现金的最优水平$\bar{C}_1^*$为

$$\bar{C}_1^* = \frac{C^*}{2} = \sqrt{\frac{bT}{2i}} \quad (4)$$

持有现金的最小成本为$\sqrt{2bTi} + kT$。

从上游企业A的决策视角，A以稳定的速度生产，产品以市场价格$\bar{P}_A$出售给B，获得稳定的净现金流，保持库存S，库存在未来以价格$\hat{P}_A$销售，库存的仓储、投资的机会成本等成本比率为θ。由于商品的更新换代因素，一般地，未来价格$\hat{P}_A$小于等于当前价格$\bar{P}_A$。从资产负债表的资产方角度看，其总资产

TA包括最优的现金持有水平，拥有正收益的投资账户I和拥有负收益的存货S（S≥0）。A通过最大化其收益水平来确定最优的产量Q和库存水平S：

$$\max_{Q,S} \pi = \bar{P}_A \cdot (Q-S) + \hat{P}_A \cdot S - \theta \cdot S = \bar{P}_A \cdot Q - v \cdot S \tag{5}$$

此时，A的最优库存水平是0。其总资产为现金与投资之和：

$$TA = C + I \tag{6}$$

得到A的最优投资率为

$$inv_1^* = \frac{I^*}{TA} = 1 - \frac{\bar{C}_1^*}{TA} \tag{7}$$

可以看出，企业的最优投资水平与企业现金持有水平相关，现金持有越多，企业用来投资的资金越少，如果持有现金对现金流的敏感性越强，其现金持有水平就越高，最优的投资水平就越低。

（三）真实世界中钱货两清的贸易：不存在商业信用时链上企业营运资本管理决策

情景2：引入不确定性假定。满足以下条件：（1）在不存在商业信用的情况下，贸易双方必须"钱货两清"；（2）引入不确定性的极端假定，B的售货量，或者A向B运输的物流是完全随机的，B的净现金流是不稳定的、随机的，服从相互独立的伯努利分布。

我们通过引入随机性，考察存在不确定性的"真实世界"的企业决策。每一段时间现金账户以概率p增加m，并且以概率$q=1-p^2$减少m，则这段时间后现金账户变化的均值为$\mu=m(p-q)$，方差为$\sigma^2=m^2(p+q)(1-p+q)$。为了方便后续推导，我们假定现金账户的变化是一个对称的零点漂移过程，此时账户增加和减少T的概率均为$1/2$。这样得到均值μ为0、方差σ^2为T^2的现金账户。企业追求长期的现金持有成本最小化目标，设定具有上下限的双参数的目标现金账户"走廊",下限为 L,上限为 U。当现金存量水平位于"走廊"之间时,不必将投资账户资金转到现金账户;一旦账户现金低于下限 L,则一次性转账 $U-L$;高于"走廊"上限,则将高出部分转为投资账户。

我们对Miller和Orr(1966)的现金模型进行扩展,对于两家企业,给定时间段持有现金的预期成本 $E(C)$ 为

$$E(C) = bE(n) + kT + i \cdot E(M) \tag{8}$$

其中,$E(n)$ 是指一段时间内从投资账户向现金账户的预期转换次数,T 是转换总的金额,$E(M)$ 是现金账户的平均余额。利用"现金走廊"策略,令 $W=U-L$ 代表现金走廊的宽度,此时企业持有现金成本最小化问题可以表示为以下形式:

$$\min_{W,L} \left\{ b \cdot \frac{T^2}{W \cdot L} + k \cdot T + i \cdot \frac{W+2L}{3} \right\} \tag{9}$$

分别对现金走廊宽度和下限 L 求一阶条件,可以得到:

$$\frac{\partial E(C)}{\partial W} = -\frac{b \cdot T^2}{W^2 \cdot L} + i/3 = 0 \tag{10}$$

$$\frac{\partial E(C)}{\partial L} = -\frac{b \cdot T^2}{W \cdot L^2} + i \cdot 2/3 = 0 \tag{11}$$

求解以上两个一阶条件,得到最优"现金走廊"的下限为

$$L^* = \sqrt[3]{\frac{3b \cdot T^2}{4i}} \tag{12}$$

"现金走廊"的最优宽度为 $W^*=2L^*$。企业持有现金的最优平均水平为

$$\bar{C}_2^* = \frac{4L^*}{3} = \frac{4}{3} \cdot \sqrt[3]{\frac{3b \cdot T^2}{4i}} = \frac{4}{3} \cdot \sqrt[3]{\frac{3b}{4i} \sigma^2} \tag{13}$$

企业持有现金的最小成本为 $\sqrt[3]{6b \cdot i^2 \cdot T^2} + kT$。

可以看出企业持有最优现金水平与现金流的波动性有关,不确定性越高,现金持有水平和持有成本就越高。同时如果投资收益率越高,则其必要的持有现金水平越低,同等条件下持有现金的机会成本越高。如果非现金资产转为现

金资产的成本越高，即 b 和 k 越大，企业持有现金的成本也就越高，其必要的持有现金水平越高。

在引入了不确定因素后，企业按照最优财务决策所需持有的现金水平发生了变化，而且不确定性越大，必要的现金持有水平就越高。我们对二者进行了数值模拟，如图1所示，现金流量越大，企业的最优现金持有量也越大。引入了现金流的不确定性，使企业所需的现金在自然交易的情形下，显著高于拥有确定性现金流的企业[①]。而且，由于现金流的不确定性，企业持有现金的成本也同样显著高于现金流量确定性的情形。

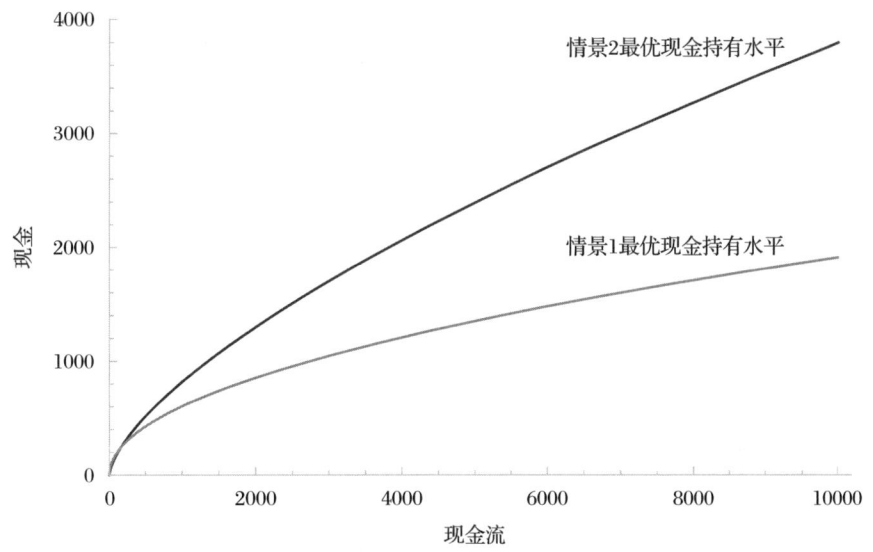

图1 不确定性与企业现金持有水平

对于下游企业B而言，不确定的现金流增加了其持有现金的成本。当销售、运输、市场价格等不确定性增加，若继续采购A的产品，需要非现金账户转换现金的量更高，同时转换成本和存货成本也更高，高于其销售所获得的即

---

① 我们固定了利率、账户转换的固定成本，均设为0.05，情景1的现金只有在小于0.04元的情况下高于情景2。

时利润时，企业可以选择承担短期的损失；或者选择暂停或减少采购，待市场需求恢复，再行采购。

当下游企业B停止采购，上游企业A的利润π会随着存货的增加而下降，

$$\frac{\partial \pi}{\partial S} = -(\bar{P}_A - \hat{P}_A) - \theta = -v < 0 \quad (14)$$

企业B停止销售，企业A的利润下降，市场库存积压S，上游企业为消化库存再进一步缩减产量，形成负向循环。此时，再考虑A的资产结构：

$$TA = C_2 + I_2 + S_2 \quad (15)$$

A的投资率为

$$inv_2^* = \frac{I_2^*}{TA} = 1 - (\frac{\bar{C}_2^*}{TA} + \frac{\bar{S}_2^*}{TA}) < inv_1^* \quad (16)$$

与情景1中的企业inv_1^*相比，情景2中的企业A最优的现金持有水平上升，还不时面临库存的积压问题，其最优的投资率inv_2^*显著小于没有不确定的情况。同时，随着不确定性的增加，现金持有水平、库存水平越高，最优的投资水平越小。

可以说，只要不确定性存在，两家企业的融资约束都将增加。不确定性越大，交易成本越高，企业所持有的预防性现金水平越高，企业扩大再生产的投资水平越低。换句话说，离开商业信用，要求每笔交易都货款两清，会导致购货方始终保持较高水平的现金，以应对贸易需求的不确定性，增加了买方的资金成本，降低了投资规模；同时，也不利于卖方的投资和生产规划。从宏观看，表现为整个经济的成本变高、运转效率低下。

（四）真实世界中的赊销贸易Ⅰ：存在"挂账式"商业信用时链上企业营运资本管理决策

情景3：引入挂账信用。在情景2的基础上引入"挂账式"商业信用，企业

A可以向企业B赊销,但这种商业信用的流动性较差。

在真实世界中,引入"挂账式"商业信用。对于企业B,从A获得的商业信用帮助其缓解了短期流动性的不足,可以继续购入A的商品,保证贸易得以继续。可以将情景2中的不确定性,利用商业信用,锁定从上游企业A购货中存在的不确定性,降低B对现金持有的需求,由于现金流的不确定性被锁定,现金流的波动率也降低了($\sigma_3^2 < \sigma_2^2$),现金的储备水平以及持有现金的成本也将降低。

$$\bar{C}_3^* = \frac{4}{3} \cdot \sqrt[3]{\frac{3b}{4i} \sigma_3^2} < \bar{C}_2^* \tag{17}$$

$$\frac{\partial Cost}{\partial T} = \frac{\partial(\sqrt[3]{6b \cdot i^2 \cdot T^2} + kT)}{\partial T} > 0 \tag{18}$$

对于上游企业A,是商业信用的提供方,由于同样锁定了未来的现金流,降低了净现金流的不确定性,尽管被占用一定的资金TC(商业信用),但同时也减少了因为不能贸易而增加的存货成本,更重要的是能够保证生产的持续,并使其自身库存水平达到最优化。提供商业信用的成本为持有现金的机会成本,即投资收益率i。而持有存货的成本v不但包含持有现金的投资机会成本i,还包括未来因产品过时、价格下降、仓储、停产等成本φ。库存成本高于提供商业信用的成本。在此,我们设定存货成本:

$$v = i + \varphi, i > 0, \varphi > 0 \tag{19}$$

若将库存S均转换为商业信用,企业将减少损失:

$$vS - iS = \varphi S > 0 \tag{20}$$

由于资金收回的时间变为确定性,A可以合理安排后续生产和投资。因此,对于企业A,资产方由现金、投资、存货和商业信用组成:

$$TA = C_3 + I_3 + S_3 + TC \tag{21}$$

将存货全部转为商业信用,A的投资率为

$$inv_3^* = \frac{I_3^*}{TA} = 1 - (\frac{\bar{C}_3^*}{TA} + \frac{\overline{TC}^*}{TA}) > inv_2^* \qquad (22)$$

尽管将库存转为商业信用这部分不能减少对现金的占用，但是却能够降低不确定性，现金的最优持有水平 $\bar{C}_3^*$ 小于情形2，使其最优的投资水平 inv_3^* 高于情景2中没有引入商业信用的 inv_2^*。

因此，在充满不确定性的真实世界中，如果没有商业信用，只有即时支付，企业要么承担持有高水平预防性现金的成本，要么承担停止生产消化库存的损失；引入商业信用可以使企业连续生产，交易持续进行，降低存货和现金持有的成本，增加企业的投资水平。可以说，商业信用实现了货物流动和货款清算在时间上的分离，是商品流通交换的"润滑剂"，是经济顺利运行的基础；只有即时支付、没有商业信用的经济，就会成为流通缓慢、运行"顿涩"的经济。

（五）真实世界中的赊销贸易Ⅱ：引入票据时链上企业营运资本管理决策

引入"挂账式"商业信用虽然可以改善双方的财务约束和存货成本，然而一旦某家或某种类型的企业因其弱势地位，被动提供过多的"挂账式"商业信用，还是会形成融资约束。下面，我们在"挂账式"商业信用的基础上引入票据信用，分析票据如何改善弱势企业的处境。

假设企业A可以向企业B赊销，可以要求由企业B开具商业汇票。票据被普遍地认可和接受，持票企业可以通过票据背书支付货款，也可以到银行贴现。其他基本假定仍然沿用第二部分的设定。

对于供货方A，向销售方B提供了商业信用，B可以延迟付款。如果企业A拥有充足的资金和银行授信，提供商业信用不但可以促销，保持产业链供应链的长期稳定，还可以提升其市场势力。如果企业A拥有资金并不充沛，为保持供销关系和生产的稳定，向B提供"挂账式"商业信用。"挂账式"商业信用由于保障较弱，流动性较差，转让成本远高于投资账户，因而企业现金不足时只会选择从投资账户转换现金。如果这些商业信用以票据形式开立，企业A可以直接将票据向其他企业背书转让，也可以向银行贴现进行再融资，以平滑流动性，无须从投资账户向现金账户转账，进而解决了资金占用的问题。

从企业A的资产结构来看，与情景3相比，仍向企业B赊销，赊销包含"挂账式"商业信用的应收账款，以及可完全自由流通支付的票据 BR（Bill Receivables，$BR>0$）：

$$TA = C_d + I_d + S_d + TC_d + BR \tag{23}$$

前文已经论述了票据的特征，票据是企业间债权债务关系的证书，具有要式性等特征，有良好的法律保障和普遍的认可，具备较强的货币属性和流通支付能力。企业A可以直接通过票据背书来支付货款，替代现金持有。因此，企业A持有了票据，可以使其最优的现金持有水平下降。我们因此可以得到持票企业A的最优现金持有水平为

$$\bar{C}_d^* = \bar{C}_3^* - BR = \frac{4L^*}{3} - BR = \frac{4}{3} \cdot \sqrt[3]{\frac{3b \cdot T^2}{4i}} - BR < \bar{C}_3^* < \bar{C}_2^* \tag{24}$$

此时，企业A持有现金的成本小于全部提供"挂账式"商业信用（情景3）的水平，更小于没有商业信用（情景2）的水平。企业A持有现金的成本也小于"挂账式"商业信用的情形，因此，企业A的最优选择是将商业信用全部转化为票据形式。此时，企业A的资产结构中，用票据 $\widehat{BR}$ 取代全部"挂账式"商业信用 TC：

$$TA = C_d + I_d + S_d + \widehat{BR} \tag{25}$$

同时，企业A选择使用票据将所有的存货消化，则存货和票据持有水平分别为

$$S_d^* = 0 \tag{26}$$

$$BR^* = TC = S_2 \tag{27}$$

企业A资产结构转化为

$$TA = C_d + I_d + BR^* \quad (28)$$

企业A最优的投资比率为

$$inv_d^* = \frac{I_d^*}{TA} = 1 - (\frac{\overline{C}_d^*}{TA} + \frac{\overline{BR}^*}{TA}) = 1 - \frac{\overline{C}_3^*}{TA} > inv_3^* > inv_2^* \quad (29)$$

可以看到，由于票据作为支付工具被广泛认可，使用票据的企业可以降低现金持有水平，同时提高企业最优的投资水平。因此，对于信用供给方而言，票据信用优于"挂账式"商业信用，可以缓解由于市场势力而产生的弱势企业投融资约束问题。此外，对于商业信用的使用方，即下游企业B而言，票据的使用与"挂账式"商业信用一样，能够有效减少企业即时支付所带来的现金流压力，保障了产业链供应链中贸易与生产循环的稳定。

综上所述，本部分阐述了"挂账式"商业信用可以部分锁定现金流的随机性，缓释随机性导致的存货增加和停产所带来产业链供应链运转的停滞，产生生产循环的堵点。然而，过多地提供商业信用仍然会增加企业的负担。通过将商业信用转换为具有更高法律保护效力和高度流动性的票据，进一步降低了企业的现金持有成本，提高了最优投资比率，缓解了商业信用提供方的财务约束，稳定了产业链供应链的运转。

三、票据缓解链上中小企业融资约束的实证研究

（一）数据及计量模型

本文数据来源为万得（Wind）数据库，选取2009—2019年非金融上市A股公司。数据筛选处理步骤如下：（1）删除历史曾有ST记录的公司。（2）删除公司上市之前的年份；同时由于上市当年公司现金持有量突增或其他财务指标异常，故同样删除公司上市当年数据。（3）删除样本区间内曾经出现资产负债率大于等于1情况的公司。（4）删除营业收入或主营业务收入小于等于0的

数据。（5）为保证样本中公司可追踪性，删除经前述处理后在样本内出现小于5年的公司。（6）对投资水平、应收票据占比等重要变量进行Winsorized前后1%极端值截尾处理。本文聚焦于票据对于中小企业的影响，故选取"中小企业板"及"创业板"的上市企业作为分析对象。最后得到5753份样本，共涵盖739家公司。

在融资约束的度量方面，本文选取投资–现金流敏感性这一在实证中广泛使用的模型。当公司受到融资约束，从外部取得资金较为困难，会更加依赖内源资金，导致投资水平对于内部的现金变化更为敏感。当考察其他因素对于融资约束的影响时，可以关注现金流与该因素交互项系数的符号。若显著为负，则意味着该因素可以降低企业投资–现金流敏感性，即缓解企业的融资约束程度。如沈红波等（2010）研究金融发展对融资约束的影响，以及黄兴孪等（2016）探究商业信用能否缓解企业融资约束均采用此思路。本文设定模型如下：

$$inv_{i,t} = \beta_0 + \beta_1 BR_{i,t} + \beta_2 cflow_{i,t} + \beta_3 BR_{i,t} \times cflow_{i,t} + \beta_j Control_j + \beta_4 industry_{i,t} + \beta_5 province_{i,t} + \beta_6 year_{i,t} + \gamma_{i,t}$$

其中，inv为被解释变量，表示公司投资水平，使用期初总资产进行标准化。核心解释变量中，BR为应收票据在公司对外提供商业信用中的比例，计算方式为应收票据/（应收票据+应收账款）；$cflow$为公司现金流，使用期初总资产进行标准化，预期β_2显著为正；$BR*cflow$为二者交乘项，其系数代表应收票据占比对公司投资–现金流敏感性的影响，如果应收票据占比高缓解企业融资约束，则β_3将显著为负，即应收票据在提供的商业信用中占比越高，公司敏感性越低，融资约束越小。β_0是常数项，$\gamma_{i,t}$为残差项。

借鉴连玉君和程建（2007）、屈文洲等（2011）和曹春方等（2015）的研究，考虑到企业的基本特征、投资机会、财务指标、代理情况等其他因素影响，模型使用的控制变量包括企业特征（$size$、$time$、$sate$）、投资机会（$tobin$）、成长性（$incgrowth$）、股权集中度（$sharer$）、财务杠杆（lev）、盈利情况（roa）。

模型中使用变量的具体定义见表1。

表1 变量含义及计算方法

变量	含义	计算方法
inv	投资水平	构建固定无形及其他长期资产支付的现金/期初总资产
BR	应收票据占比	应收票据/（应收票据+应收账款）
cflow	现金流水平	经营性活动现金流量净额/期初总资产
state	产权情况	国有（含中央/地方国有）取值为1，非国有取值为0
size	企业规模	企业总资产取对数
time	上市年限	企业上市年限加1后取对数
incgrowth	收入增长	企业主营业务收入增长率
roa	盈利水平	企业资产回报率，税后净利润/总资产
tobin	托宾Q	企业总市值/总资产，控制变量取滞后一期
sharer	股权集中度	第一大股东持股比例
lev	财务杠杆	资产负债率，总负债/总资产，控制变量取滞后一期

表2为本文使用变量的描述性统计。从应收票据占比（BR）来看，样本内中小企业应收票据在商业信用的提供中平均占比仅为15.5%，票据的使用比例有较大提升空间；且标准差为0.191，说明各企业差异较大。从平均情况来看，企业投资占期初总资产的6.3%，现金流占期初总资产的5.0%。样本中仅有15.8%的中小企业为国有企业，占比较小。

表2各变量间相关系数绝对值均在0.5以下，同时模型VIF值为1.60，可知模型中不存在多重共线性问题。

表2 变量描述性统计

变量	样本量	平均值	标准差	最小值	最大值
inv	5753	0.063	0.057	0.000	0.268

续表

变量	样本量	平均值	标准差	最小值	最大值
BR	5753	0.155	0.191	0.000	0.954
cflow	5753	0.050	0.064	−0.137	0.234
state	5753	0.158	0.365	0.000	1.000
size	5753	21.776	0.877	18.393	26.263
time	5753	1.859	0.421	1.099	2.773
incgrowth	5753	0.173	0.305	−0.971	4.087
roa	5753	4.872	5.206	−10.840	20.866
tobin	5753	2.396	1.717	0.174	8.657
sharer	5753	0.321	0.138	0.042	0.852
lev	5753	0.358	0.182	0.008	0.955

（二）实证结果

本文探究是否应收票据在商业信用的各种形式中占比越高，越有利于缓解中小企业的融资约束，实证结果见表3。

表3 应收票据占比与中小企业投资−现金流敏感性

变量	回归方程(1) inv	回归方程(2) inv	回归方程(3) inv	回归方程(4) inv	回归方程(5) inv
draft	0.016**	0.009	0.002	0.003	0.004
	(0.008)	(0.008)	(0.008)	(0.008)	(0.008)
cflow	0.141***	0.120***	0.124***	0.112***	0.111***
	(0.021)	(0.019)	(0.019)	(0.019)	(0.019)
BR×cflow	−0.246***	−0.227***	−0.235***	−0.231***	−0.232***
	(0.064)	(0.066)	(0.063)	(0.066)	(0.066)
size	—	—	0.015***	0.016***	0.016***
	—	—	(0.002)	(0.002)	(0.002)
time	—	—	−0.021***	−0.017***	−0.018***

续表

变量	回归方程(1) inv	回归方程(2) inv	回归方程(3) inv	回归方程(4) inv	回归方程(5) inv
state	—	—	−0.002 (0.004)	−0.002 (0.004)	−0.002 (0.004)
tobin	—	—	—	0.003*** (0.001)	0.003*** (0.001)
incgrowth	—	—	—	0.018*** (0.003)	0.018*** (0.003)
lev	—	—	—	—	−0.001 (0.008)
roa	—	—	—	—	0.000 (0.000)
sharer	—	—	—	—	−0.010 (0.009)
常数项	0.097*** (0.006)	0.098*** (0.011)	−0.182*** (0.036)	−0.225*** (0.041)	−0.224*** (0.043)
行业控制	否	是	是	是	是
省份控制	否	是	是	是	是
年份控制	否	是	是	是	是
样本量	5753	5753	5753	5753	5753
R^2	0.108	0.169	0.205	0.220	0.220

注：***、**、*分别表示回归系数在1%、5%、10%的显著性水平上显著。括号内为公司层面聚类标准误。tobin及lev为滞后一期。

回归方程（1）中仅加入应收票据占比、现金流水平及二者交乘项，交乘项前系数显著为负，表明应收票据占比越高，中小企业投资-现金流敏感性越低，融资约束越小。回归方程（2）至回归方程（5）逐步加入行业、省份、年份控制效应，企业特征、投资机会、盈利情况等控制变量，应收票据占比及现金流交乘项系数始终显著为负。经实证研究，应收票据在商业信用的各种形式中占比越高，越能缓解中小企业的融资约束。

控制变量方面，中小企业规模越大、托宾Q值越高、收入增长率越高，企业的投资水平越高；而企业成立时间越长即企业越成熟，企业的投资水平越低。

实证结果表明，对中小企业而言，应收票据在其提供的商业信用的各种形式中占比越高，其投资-现金流敏感性越低，越有利于缓解其融资约束问题。中小企业利用票据的流通性能，直接将现有应收票据通过背书作为支付工具与上游企业进行贸易，相当于在不占用资金的情况下与上下游企业共同完成生产经营流转环节，减轻中小企业内源资金压力。此外，票据具有良好的融资功能，中小企业可以通过将未到期的票据进行贴现，便捷又低成本地获得资金。票据为中小企业提供了一条融资"直通车"，缓解了其融资约束。

与"挂账式"商业信用形式——应收账款相比，票据的融资流转性能更加完善、规范，对企业经营也更为有利。一是应收账款支付功能与融资功能较差，现存应收账款流转或融资平台后端市场流动性差。应收账款的流通转让缺乏一个广泛参与、普遍认可、具有规模效应的二级市场；票据具有背书功能，持票企业可以利用票据支付货款。2019年票据市场背书1.04亿张票据，每张票据平均背书4.5次，背书金额46.5亿元。同时，票据的融资较应收账款更为便捷。以中征应收账款融资服务平台来看，从2013年成立至2020年5月，共促成应收账款融资20.9万笔，金额11.1万亿元（孙丹，2020）；而票据市场仅2019年签发承兑20.38万亿元，贴现12.46万亿元[①]。二是应收账款对企业人力要求较高，需要企业及时进行清算、对账，建立自己的催收方法与程序，对会计人员素质及企业内部控制有较高要求，部分企业难以达成而影响资金循环。三是应收账款相关法规不完善，债务方违约成本较低，弱势应收方可能面临无故延长账期、拒绝还款等问题，通过法律途径解决较为困难，加大了企业资金压力。应收账款的非要式性特征以及现阶段我国的信用机制建设情况，决定了"挂账式"商业信用在法律保障、认可度、二级市场流动性等难以超越票据市场。

---

① 以下票据市场数据均取上海票据交易所，《2019年票据市场运行情况》。

可以说，票据的微观运行机制决定了票据具有保障弱势企业的特点。实证结果及市场数据都验证了票据形式的商业信用有利于缓解弱势企业融资约束，对中小企业的经营起到了积极的作用。

（三）稳健性分析

本文对上述结论进行了多方面的稳健性检验：第一，更换核心解释变量。前文对于应收票据占比（BR）的计算仅包含应收票据及应收账款，不考虑预付账款这一商业信用的提供方式。故在此将应收票据占比的计算方式定义为：应收票据/（应收票据+应收账款+预付账款），观测其回归结果，见表4回归方程（1）。

第二，更换融资约束的度量方式。选择使用现金-现金流敏感性这一方式来度量企业面临的融资约束情况（Almeida等，2004）。当企业面临更低的融资约束时，企业的现金及现金等价物对现金流情况的敏感性更低。回归结果见表4回归方程（2）。

第三，删除上市时间小于等于3年的数据。由于企业在上市后前3年内可能依然有富余资金，本文在此删除上市时间不大于3年的数据，同时仅保留在删除后在样本中可追踪年份数不小于5年的企业。回归结果见表4回归方程（3）。

第四，更换行业选择。由于实物贸易属性及贸易频率的影响，制造业是赊销活动突出的典型行业，在其经营活动中商业信用是经常被提及的内容。参照张杰等（2013）的样本选择，本文选取中小企业板及创业板中制造业行业公司作为样本进行稳健性检验。具体回归结果见表4回归方程（4）。

第五，更换对于中小企业的定义。一是选用2019年所有上市企业（包含主板、中小企业板及创业板）中规模小于等于中位数的企业为中小企业，回归结果见表4回归方程（5）。二是根据Wind数据库对企业规模分类（大型、中型、小型）[①]，选取被归为中型、小型的企业为回归样本，结果见表4回归方程（6）。

---

① 分类实际为四类：大型、中型、小型、微型，但本文回归样本中没有微型企业。

第六，对所有上市企业进行回归。对所有上市企业（包含主板、中小企业板及创业板）进行回归，结果见表4回归方程（7）。

表4 稳健性检验

变量	回归方程(1)考虑预付 inv	回归方程(2)现金-现金流 cash	回归方程(3)上市>3年 inv	回归方程(4)制造业 inv	回归方程(5)规模大小 inv	回归方程(6)Wind数据库分类 inv	回归方程(7)所有企业 inv
BR	−0.001	−0.002	0.005	0.010	0.003	0.006	0.003
	(0.009)	(0.006)	(0.010)	(0.009)	(0.005)	(0.009)	(0.004)
cflow	0.002	0.251***	0.116***	0.103***	0.055***	0.052***	0.104***
	(0.009)	(0.025)	(0.020)	(0.023)	(0.014)	(0.020)	(0.014)
BR*cflow	−0.228***	−0.155*	−0.245***	−0.253***	−0.092**	−0.116*	−0.132***
	(0.073)	(0.081)	(0.085)	(0.070)	(0.042)	(0.064)	(0.036)
size	0.016***	0.003**	0.016***	0.016***	0.008***	0.007	0.008***
time	−0.011***	0.015***	−0.007	−0.016***	−0.020***	−0.018***	−0.019***
state	−0.000	0.002	−0.006	0.000	0.004	−0.005	−0.000
tobin	0.000	0.004***	0.003***	−0.000	0.003***	0.002	0.002***
incgrowth	0.019***	0.013***	0.013***	0.027***	0.002*	0.001	0.005**
lev	0.024***	0.078***	0.005	0.031***	0.002	−0.009	−0.002
roa	0.001***	0.001***	0.000	0.001***	0.001***	0.001***	0.000**
sharer	−0.002	−0.014**	−0.006	−0.006	−0.011	0.010	−0.020***
常数项	0.095***	−0.137***	−0.247***	0.085***	−0.061	−0.070	−0.056**
行业控制	是	是	是	是	是	是	是
省份控制	是	是	是	是	是	是	是
年份控制	是	是	是	是	是	是	是
样本量	5753	5753	3469	4413	5789	1622	12460
R^2	0.192	0.108	0.209	0.183	0.205	0.215	0.195

注：***、**、*分别表示回归系数在1%、5%、10%的显著性水平上显著。括号内为公司层面聚类标准误。tobin及lev为滞后一期。

从表4可知，应收票据占比提升可以缓解企业融资约束这一结论在多种方式验证下均具有稳健性。根据回归方程（1），在同时考虑应收账款、应收票据、预付账款三种商业信用提供的方式中，应收票据占比越高，中小企业的融资约束同样越低；根据回归方程（2），应收票据占比提升同样可以降低企业现金-现金流敏感性，使用另一种度量方式证明了票据可以缓解企业融资约束；根据回归方程（3），在排除企业初上市前3年的影响后，结果依然稳健；根据回归方程（4），对于制造业的中小企业板及创业板企业，票据同样可以降低投资-现金流敏感性；根据回归方程（5）、（6），更换对中小企业的分类方式后，这一结论依然稳健；根据回归方程（7），票据对融资约束的缓解作用不仅对中小企业板及创业板的中小企业起效，对所有上市公司而言同样显著。

表4回归结果表明，票据缓解中小企业融资约束的结果是稳健的。应收票据在商业信用提供中占比越高，中小企业投资或现金对其现金流的敏感性越低，越有利于缓解中小企业的融资约束。这是票据的支付流通性及便捷优惠的融资性发挥了作用。

四、票据稳定产业链供应链运行的实证分析

产业链供应链本身就是一个复杂的网状结构，链上众多企业就是网络中一个个节点，通过产业链供应链组织关系连接在一起。我们利用复杂网络模型来分析票据网络结构，票据的流转信息反映企业间的贸易过程，研究票据网络对产业链稳定性的影响。稳健性（Robustness）和弹性（Resilience）是产业链供应链稳定性的两个重要的表现形式。稳健性是指系统对外界扰动具备一定的抗干扰能力。对票据网络来说，稳健性就是在少量节点从网络中断开的情况下，票据网络仍能保持网络本身的特性和稳定状态，企业间票据流转能够正常运行。弹性是指当产业链供应链网络受到某种冲击后，能随时间逐渐恢复至冲击前的状态的能力。2020年初暴发的新冠肺炎疫情，对产业链供应链产生了严重冲击，我们就以新冠肺炎疫情对产业链供应链的冲击作为自然实验的冲击事件，来考察汽车和煤炭两个典型产业链供应链票据网络的稳定性。

（一）产业链供应链中票据网络的稳健性

我们首先通过模拟对典型产业链供应链票据网络进行随机攻击和故意攻击，考察票据网络的稳健性。网络的稳健性考察故意删除或随机删除网络中的一部分节点对系统连通性的影响。如果随着删除比例的增加网络连通性下降较慢，则网络稳健性较高；反之，说明网络稳健性较低。

网络中删除一个节点，也就同时删除了与该节点相连的所有边。删除节点的模式分为随机攻击和故意攻击：随机攻击指随机删除某些节点；故意攻击是从那些对维持网络结构有重要贡献的节点开始删除，我们按照节点重要性从大到小排序，逐个删除。对汽车行业票据网络作仿真攻击测试，指标D为受到攻击的节点数与原始网络节点数的比值，指标H是受到冲击后网络的极大弱连通子图与原始网络相似的程度，H越大，表明节点删除后网络受影响越小，可以描述网络受不同力度冲击下能够维持原状态的程度（见表5）。

表5 票据网络删除节点后H值变化

攻击类型	D值			
	0.2分位点	0.4分位点	0.6分位点	0.8分位点
行业随机攻击	0.7960	0.5933	0.3853	0.1456
行业故意攻击	0.7778	0.5919	0.1475	0.0077

为了比较行业受到两种冲击后的网络状态，绘制了相应的比较示意图（见图2）。发生随机攻击时，行业H值呈线性降低；发生故意攻击时，删除"关键"节点数量达到一定阈值，行业H值就开始断崖式跌落。这是因为票据网络中核心企业与大量周边企业存在贸易关系，部分票据流转路径必须经过这些核心企业，在票据流转中起着重要的"中介"作用，若其发生故障，无法找到代替其功能的节点，就会造成网络传输路径的中断，进而影响整个票据网络的效率。

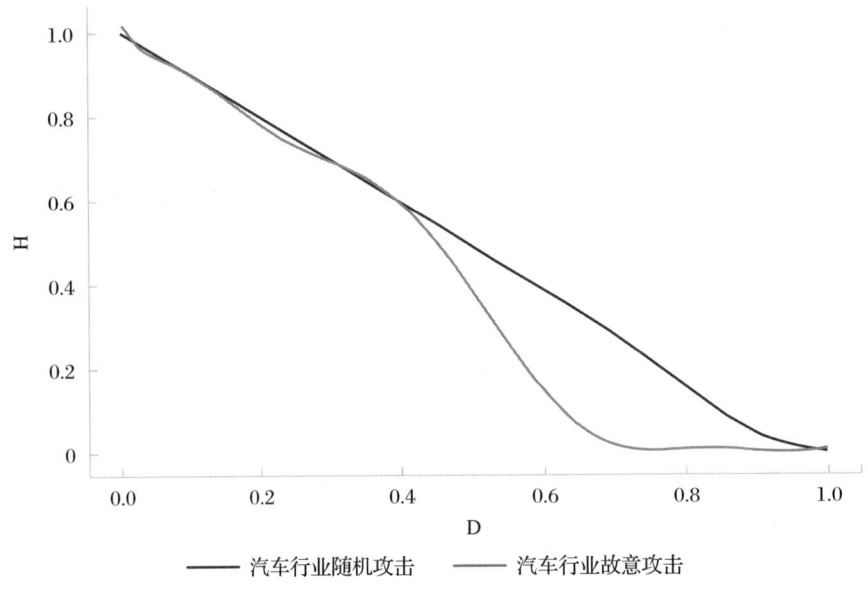

图2 产业链供应链票据网络在不同类型冲击下H值变化

相比随机攻击，故意攻击下删除少量"关键"节点，行业H值就开始断崖式跌落，汽车行业阈值大约是0.4（见图3）。删除60%的节点后网络完全崩溃。这是因为票据网络中核心企业与大量周边企业存在贸易关系，部分票据流转路径必须经过这些核心企业，在票据流转中起着重要的"中介"作用，若其发生

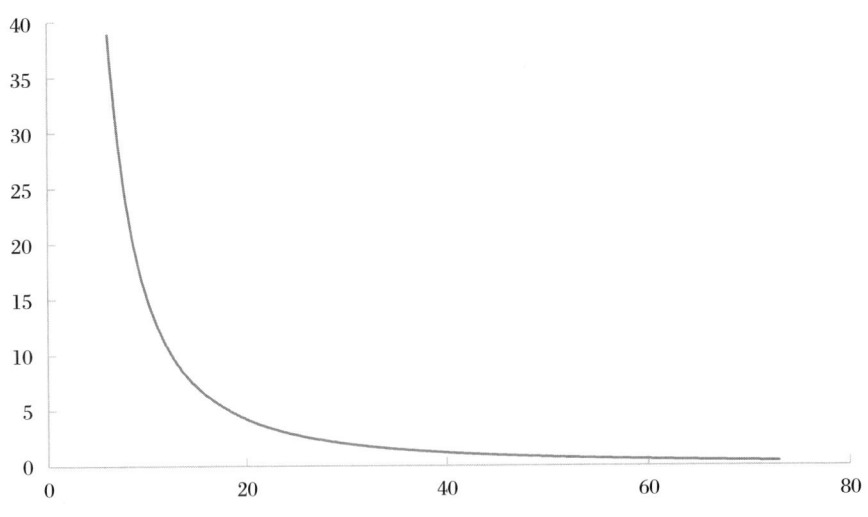

图3 汽车产业链供应链票据网络的节点度值分布

故障，无法找到代替其功能的节点，就会造成网络传输路径的中断，进而影响整个票据网络的效率。

汽车行业票据网络节点的度值分布符合幂律原则，即绝大部分节点度值很低，但存在少量高度值节点，度分布"贫富不均"，同时在随机攻击下表现出较强的稳健性，在故意攻击下则表现出异常的脆弱性。我们将以上这些表现称为无标度特性。

因为疫情产业链上下游造成无差别的负面影响，所以应将其归于随机攻击。汽车行业因为用票企业多，流转链条长，链上核心企业的信用传导广，票据网络的无标度特性明显，所以在新冠肺炎疫情随机攻击下，维持了产业链供应链的稳定，保证了票据流通性，票据网络像毛细血管一样，在一定程度上为上下游数量众多的中小企业提供了现金流支持。

（二）外生冲击下典型票据网络的弹性

弹性是衡量网络连通性在受到干扰后能够恢复至干扰前状态的能力。我们定义网络弹性 $R = \frac{\sum_{t_0}^{t_1} E_t}{(t_1 - t_0) E_0}$，其中，$E_0$ 为未受干扰前网络的初始连通效率[①]（此处设定为2020年1月），E_t 为 t 月的网络连通效率。R 值越大，说明网络恢复初始状态越快，网络效率损失越小，其弹性越大；反之亦然。

图4显示，新冠肺炎疫情的暴发对2020年2月汽车产业链供应链上票据网络的连通性造成较大冲击。其后，伴随着疫情趋于稳定、各项政策措施迅速出台、复工复产率快速恢复，网络效率开始较快回升，前期压制的需求延后在3月释出，使3月网络效率达到顶峰，之后虽有所回落但依旧高于疫情前。6月票

[①] 借鉴阮逸润等（2017）的研究，设定网络中共有 N 个节点，其中两个节点间的距离 d_{ij} 定义为从节点 v_i 到节点 v_j 的最短路径，即经过边数最少的路径。效率则定义为节点间距离倒数的平均值，即连通效率 $E = \frac{2}{N(N-1)} \sum_{1 \leq i < j \leq N} \frac{1}{d_{ij}}$。当网络中没有节点存在路径连接时，网络连通效率为0；当所有节点都可直接连通到其他节点时，网络连通效率为1。

据网络弹性值为1.1947，说明经过半年票据网络连通度已恢复。票据网络弹性较大一方面反映了汽车产业受到冲击后快速恢复，另一方面表明票据网络的快速恢复为汽车产业链上下游注入流动性，缓解了链上企业复工复产过程中面临的资金紧张问题，也促进了汽车产业链供应链运行的复苏。

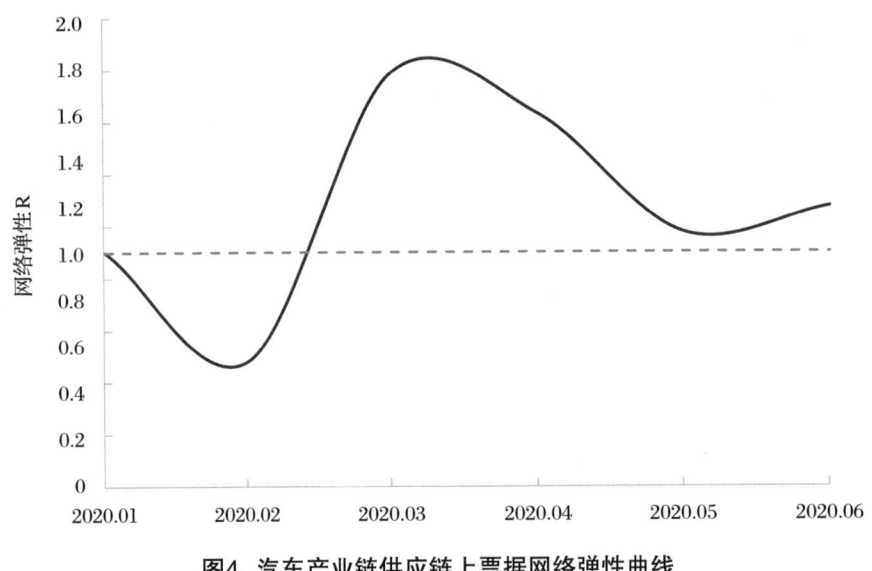

图4 汽车产业链供应链上票据网络弹性曲线

综上所述，在进一步的分析中，我们测度了典型产业链供应链中票据网络在受到新冠肺炎疫情冲击的网络稳定性。结果显示，票据网络在面对冲击下的稳健性较强、在冲击过后恢复弹性较大，对稳定产业链供应链运转具有积极作用。

五、结论与建议

（一）主要结论

本文通过构建产业链供应链上企业投融资决策的企业财务决策模型，推导了票据对企业财务成本和投资决策的影响。理论模型表明，商业信用的存在有利于产业链供应链的顺利运行，票据因具有更强的流通支付功能，可以进一步降低不确定性给链上企业带来的贸易成本和断链风险，既能缓解下游企业流动性不足，又能降低上游企业的最优现金持有水平，提高最优投资水平上限，保证产业链供应链的稳定。

为验证理论模型的结论，本文首先以2009—2019年中国中小企业板、创业板的非金融上市中小公司为样本，使用微观企业数据进行分析研究，探究应收票据占比与中小企业融资约束之间的关系。实证结果表明，应收票据在商业信用的各种形式中占比越高，中小企业的投资-现金流敏感性越低，即企业面临的融资约束越小。票据的使用缓解了企业资金流转融资方面的压力，改善了企业的经营状况。这一结论在考虑预付账款、更换融资约束衡量方式、排除企业初上市年份影响、以制造业中小企业为样本、更换中小企业定义、以所有上市公司为样本下均成立，具有稳健性。本文填补了现有研究在票据对实体企业作用方面缺乏实证研究的空白，对票据和商业信用理论作出了边际贡献。

此外，本课题还利用复杂网络方法考察了新冠肺炎疫情冲击对典型产业链供应链的影响。实证结果表明，汽车行业在新冠肺炎疫情的冲击下表现出较强的稳健性，这得益于票据网络的无标度特性。票据网络节点度值符合幂律分布，存在少数集散节点与大量节点相连，在拓扑结构上偏向于无标度网络。这种无标度特性对产业链管理具有重要意义：可以通过保持少数集散节点的稳定运行，使整个网络处于稳定运行状态。同时，新冠肺炎疫情初期对汽车产业链供应链的连通效率产生负向影响，其后效率迅速恢复，表明票据网络弹性较大。

（二）相关建议

鉴于上述结论，本文认为，通过完善商业信用及票据市场，可以缓解中小企业资金占用与融资约束问题。为此提出以下几点建议：

第一，在新发展格局下，充分发挥票据在产业链供应链中的作用。票据是产业链供应链顺畅运转的"润滑剂"，其在微观上有利于缓解企业，特别是上游中小企业的融资约束；在宏观上通过背书流转传递了信用，保障了产业链供应链的稳定运行。票据市场以及商业信用的规范发展对新发展格局下中小企业健康成长、经济循环顺畅运转都有积极推动作用。

第二，推动应收账款票据化。票据作为要式证券、文义证券和无因证券的特点，决定了其相对"挂账式"商业信用来说更能保护商业信用提供方的权益。在商业贸易活动中处于弱势地位的中小企业，尤其需要这样的保护。因此，应当在正视商业信用客观必然存在的基础上，积极推动应收账款的票据化，让票据更多地去保护广大中小企业的利益，降低社会整体的交易成本，促进经济的良性循环。

第三，创新票据产品和服务、完善票据业务流程。票据的高流通性是与其他供应链金融产品的根本区别，宜围绕增强票据的流通属性完善制度和业务、开展产品和服务创新。尽快推广定额票据、"票付通"、"贴现通"，稳步扩大供应链票据平台的应用范围，通过充分的信息披露和评级机制，进一步健全票据市场信用体系，推动票据有序健康发展。

参考文献

[1] 曹春方，周大伟，吴澄澄. 信任环境、公司治理与民营上市公司投资-现金流敏感性[J]. 世界经济，2015(5):125-147.

[2] 仇龙泉. "赊购赊销"商业信用的危害性[J]. 中国金融，1955(8):21-22.

[3] 董惠江. 票据法的坚守与发展[J]. 中国法学，2010，155(3):145-157.

[4] 龚强，班铭媛，张一林. 区块链、企业数字化与供应链金融创新[J]. 管理世界，2021，37(2):22-34，3.

[5] 韩宏泰. 银行信用与商业信用[J]. 上海金融研究，1981(5):15-16，3.

[6] 胡悦，吴文锋. 商业信用融资和我国企业债务的结构性问题[J]. 经济学

(季刊), 2022, 22(1): 257-280.

[7] 黄群慧. 新发展格局的理论逻辑、战略内涵与政策体系——基于经济现代化的视角[J]. 经济研究, 2021, 56(4): 4-23.

[8] 黄兴孪, 邓路, 曲悠. 货币政策、商业信用与公司投资行为[J]. 会计研究, 2016(2): 58-65, 96.

[9] 江伟, 姚文韬.《物权法》的实施与供应链金融——来自应收账款质押融资的经验证据[J]. 经济研究, 2016, 51(1): 141-154.

[10] 李扬. 中国国家资产负债表[M]. 北京: 中国社会科学出版社, 2013.

[11] 连玉君, 程建. 投资-现金流敏感性: 融资约束还是代理成本?[J]. 财经研究, 2007(2): 37-46.

[12] 刘凤委, 李琳, 薛云奎. 信任、交易成本与商业信用模式[J]. 经济研究, 2009, 44(8): 60-72.

[13] 秦池江. 论票据融资的经济功能与市场地位[J]. 金融研究, 2002(1): 93-100.

[14] 屈文洲, 谢雅璐, 叶玉妹. 信息不对称、融资约束与投资-现金流敏感性——基于市场微观结构理论的实证研究[J]. 经济研究, 2011(6): 105-117.

[15] 阮逸润, 老松杨, 王竣德, 等. 基于领域相似度的复杂网络节点重要度评估算法[J]. 物理学报, 2017(3): 365-373.

[16] 沈红波, 寇宏, 张川. 金融发展、融资约束与企业投资的实证研究[J]. 中国工业经济, 2010(6): 55-64.

[17] 盛朝迅. 新发展格局下推动产业链供应链安全稳定发展的思路与策略[J]. 改革, 2021(2): 1-13.

[18] 石晓军, 张顺明. 商业信用、融资约束及效率影响[J]. 经济研究, 2010(1): 102-114.

[19] 宋华, 杨雨东. 中国产业链供应链现代化的内涵与发展路径探析[J]. 中国人民大学学报, 2022, 36(1): 120-134.

[20] 宋华.供应链金融[M].北京：中国人民大学出版社，2021.

[21] 孙丹.央行将进一步完善应收账款融资服务平台线上融资服务[N].经济参考报，2020-7-03.

[22] 汤莹玮.信用制度变迁下的票据市场功能演进与中小企业融资模式选择[J].金融研究，2018(5)：37-46.

[23] 王小能.论票据背书的连续性[J].中国法学，1999(1)：83-91.

[24] 王一鸣.百年大变局、高质量发展与构建新发展格局[J].管理世界，2020，36(12)：1-13.

[25] 谢多.中国货币市场发展的分析[J].经济研究，2001(9)：3-11，30-95.

[26] 徐晓萍，李猛.商业信用的提供：来自上海市中小企业的证据[J].金融研究，2009(6)：161-174.

[27] 杨子强，王晓青.信用的组合与分离：商业承兑汇票发展的逻辑[J].金融研究，2006(10)：106-115.

[28] 易纲.规范发展票据市场至关重要[J].金融研究，2003(3)：26-35.

[29] 余明桂，潘红波.金融发展、商业信用与产品市场竞争[J].管理世界，2010(8)：117-129.

[30] 张杰，刘元春，翟福昕，等.银行歧视、商业信用与企业发展[J].世界经济，2013(9)：94-126.

[31] 张强，曾涛.中国票据市场的现实制度约束及发展趋势——基于制度经济学视角的票据市场制度变迁研究[J].金融研究，2008(1)：53-62.

[32] 赵学军.经济体制转型与国有企业商业信用融资的变迁[J].中国经济史研究，2015(6)：22-32，143.

[33] Almeida H, Campello M, Weisbach M S. The Cash Flow Sensitivity of Cash[J]. The Journal of Finance, 2004(59)：1777-1804.

[34] Bougheas S, Mateut S, Mizen P. Corporate trade credit and inventories: New Evidence of a Trade-off from Accounts Payable and Receivable[J]. Journal of

Banking & Finance, 2009, 33(2):300-307.

[35] Choudhry M, Fabozzi FJ, Mann S V. Commercial Paper[J/OL]. Handbook of Finance: Handbook of Finance, 2008, https://dol.org/10.1002/9780470404324.hof001031.

[36] Cohen E E. Elasticity of the Money Supply at Athens[M]. The Monetary Systems of the Greeks and Romans. Oxford, 2008:66-83.

[37] Danielson M G, Scott J A. A Note on Trade Credit Demand on Credit Rationing[R]. Working paper, 2022.

[38] Fabbri D, Menichini A M C. Trade Credit, Collateral Liquidation, and Borrowing Constraints[J]. Journal of Financial Economics, 2010, 96(3):413-432.

[39] Fazzari S M, Hubbard R G, Petersen B C. Financing Constraints and Corporate Investment[R]. National Bureau of Economic Research, 1988, 19(1):141-206.

[40] Ferris J S. A Transactions Theory of Trade Credit Use[J]. Quarterly Journal of Economics, 1981, 96(2), 243-270.

[41] Kahl M, Shivdasani A, Wang Y. Short-Term Debt as Bridge Financing: Evidence from the Commercial Paper Market[J]. The Journal of Finance, 2015, 70(1):211-255.

[42] Miller M H, Orr D. A Model of the Demand for Money by Firms[J]. The Quarterly journal of economics, 1966, 80(3):413-435.

[43] Nadiri M I. The Determinants of Trade Credit in the US Total Manufacturing Sector[J]. Econometrica: Journal of the Econometric Society, 1969, 37(3):408-423.

[44] Schwartz R A. An Economic Model of Trade Credit[J]. Journal of Financial and Quantitative Analysis, 1974, 9(4):643-657.

[45] Smith J K. Trade credit and informational asymmetry[J]. The Journal of Finance, 1984, 42(4):863-872.

[46] Stiglitz J E, Weiss A. Credit Rationing in Markets with Imperfect Information. The American Economic Review, 1981, 71(3):393−410.

[47] Stigum M L, Crescenzi A. Stigum's money market (Vol. 4) [M]. New York: McGraw−Hill, 2007.

市场研究

传递商业信用，赋能中小企业
——供应链票据发展渐入快车道

童泽恒　陈　佳[①]

[摘　要]　2019年6月，中国人民银行行长易纲在陆家嘴金融论坛上提出"推进应收账款票据化"的设想。此后，上海票据交易所（以下简称票交所）建设开发了供应链票据平台，于2020年4月24日试运行。同日，简单汇信息科技（广州）有限公司（以下简称简单汇）作为第一批接入试点的供应链平台，签发出了全国首张供应链票据。2021年8月，供应链票据平台新版本上线。截至2021年末，全市场累计交易规模671.63亿元。从试点到正式运行，供应链票据推出不足两年的时间，发展速度日益加快。本文结合简单汇的实践，对供应链票据的独特作用和未来发展作了分析，认为其很好地发挥了"传递商业信用，赋能中小企业"的功能，市场开始进入加速发展阶段，必将对未来中国银行业的贸易融资和普惠金融发展起到重要的推动作用。

[关键词]　供应链　票据　商业信用

---

① 童泽恒，简单汇信息科技（广州）有限公司董事长；陈佳，简单汇信息科技（广州）有限公司产品部产品总监。

一、供应链票据的发展概况

2020年11月，票交所副总裁孔燕在《金融时报》的访谈文章《推动供应链票据发展　助力双循环新发展格局》中对供应链票据的创新背景及发展思路作了清晰的阐述。票据作为最契合供应链及中小企业特点的金融工具，在企业支付和融资、机构的投资和交易，以及社会商业信用发展、利率市场化改革、宏观调控转型等方面发挥了重要作用。所以，为了更好地发挥票据在供应链中的作用，提升票据服务实体、普惠小微企业的效能，支持供应链金融更加规范稳妥地发展，票交所创新地应用了票据等分化、签发场景化，推出了供应链票据。

供应链票据试运行以来，供应链票据市场参与企业、机构及供应链平台不断增加，签发、背书、贴现等交易规模逐步上升；截至2022年2月，数千家大中小型企业、近百家法人银行及财务公司开展了业务。同时，在票交所和供应链平台的协作下，供应链票据系统功能逐步完善、用户体验得到了显著提升，并且在中小企业融资方面成效显著，截至2021年底，1000万元以下的供应链票据贴现笔数占比47.96%，最小贴现金额为891.15元。

从实践情况看，供应链票据在推进应收账款票据化，满足中小企业短期、高频、小额融资需求等方面的优势持续显现。随着各机构新一代票据系统的逐步上线，预计将有更多的企业、机构及供应链平台参与业务发展，必然会推动供应链票据业务系统进一步智能化、自动化，转贴现、再贴现以及票据证券化、标准化票据等相关业务模式也会继续完善和丰富，市场交易规模将快速增长。

二、供应链票据有利于企业持续加强商业信用自我约束

按照《票据法》的规定，票据承兑人有到期无条件付款的责任，但是长期以来，一方面由于缺少有效制度和信息渠道去评价企业的商业承兑票据履约记录，使部分企业缺少对票据履约的重视和敬畏，进而影响整个票据市场的商业信用建立；另一方面由于电子票据业务规则允许纯票过户（FOP）[①]，这就存在票据结清但线下并未付款的情况，一旦出现就会影响企业用票的信心，再加上各种各样的操作问题导致的逾期兑付，票据的商业信用传递一直困难重重。

（一）供应链票据很好地解决了对出票人的信用约束

票交所充分考虑了现行票据市场的运行情况，创新性地推出了三项制度安排。

1. 信息披露的要求和业务规则。供应链票据无论是否向金融机构办理贴现、质押、保证等业务，均要求按时完成信息披露；并且，持票人通过供应链平台向金融机构发起业务申请时，系统会自动校验信息披露情况，若未披露或披露信息不符的，业务发起失败。

2. 到期应答提示付款的要求。供应链票据到期，由票交所自动代所有持票人发起提示付款申请，避免因操作造成的票据权益的损失，而供应链平台可根据承兑人委托自动应答提示付款申请，即不存在操作上的拒绝应答，仅存在清算账户资金不足等原因产生的拒付；一旦拒付将同步到票据信息披露平台。

3. 付款清算规则。供应链票据除同一法人银行办理贴现业务时可以选择纯票过户（FOP），其他所有涉及资金清算的环节规定为票款对付（DVP），包括跨行的贴现、到期和未到期付款、线上追索付款等，即供应链票据不存在因为操作问题而产生收付款风险。

以上制度安排，强化了持票人的收款权利，也强化了付款人的付款义务，进一步确保了票据权利的独立性，避免之前各类型的"合理拒付""合同争议拒付"等。在这些配套制度和业务规则的加持下，虽然增加了对供应链票据承兑人的约束，但是也为其自身商业信用的建立和传递奠定了坚实的基础。

[①] 即线上做了付款应答，线下转账付款。

（二）实践中供应链票据对出票企业约束较强

简单汇围绕票交所创设供应链票据的初心，在系统规则、功能设计和流程管理上，进行了精细化的建设和维护，确保了广大中小收票企业的票据权利。票交所供应链票据平台正式运行以来，截至2022年2月，178家大中型企业通过简单汇平台签发了1115张供应链票据，规模达到121.64亿元，分别由939家企业通过收票、背书所持有，出票企业信息披露比率达到100%，尚未出现任何信用逾期情况。

三、供应链票据有利于将商业信用传递给中小企业

长期以来，我国中小企业普遍存在融资难、融资贵问题，政府通过各种政策工具和行政手段，试图破解这一历史性和世界性的难题。总体而言，在多种因素叠加的情况下，中小企业融资难、融资贵问题得到不同程度的缓解，但距离真正化解尚存在较大的距离。与此同时，大量优质的，居于产业链、供应链核心地位的企业在银行等金融机构还存在充足的授信空间，利率水平也较为优惠，却无法将自身的优质信用传递给产业链上下游企业。

（一）传统贸易金融产品难以有效传递商业信用

传统上，企业境内贸易融资金融产品会采用银行承兑汇票、商业承兑汇票、国内信用证等手段，但就整体而言，这些工具都不便于核心企业将商业信用传递给上下游企业。

1.银行承兑汇票传递的不是开票企业的商业信用，而是承兑银行的银行信用，对开票企业而言成本较高。银行承兑汇票是企业最传统的交易工具之一，不过，大多数企业通过银行开立承兑汇票需要缴纳保证金；同时，开立银行承兑汇票必须通过银行自身的网银平台开立，而企业一般会拥有多个银行账户，企业的财务人员需要登录各个银行的平台进行操作，操作成本和管

理成本较高。

2.商业承兑汇票无法有效传递商业信用，长期实践中效果不佳。正如本文第二部分所言，由于传统商业承兑汇票对出票人的信用约束机制存在一定的缺陷，导致商业承兑汇票的市场接受程度偏低，更不必说传递商业信用给上下游。

3.国内信用证本质上传递的是开证行的信用。同时，虽然按照2016年的《国内信用证结算办法》规定，国内信用证能由第一受益人部分或全部转由第二受益人兑用，但仅可转让一次，信用传递范围有限。并且，转让行须由开证行指定，所以实践中转让行一般为开证行，第二受益人则需到开证行按要求办理交单，操作成本高、业务效率低。

（二）供应链票据能够有效传递商业信用

从供应链票据机制设计来看，供应链票据贴现人能够有效享受开票人的信用背书，开票人能够更有效地发现自身信用水平（定价），在一定程度上开辟了场外的主体信用评级基础。

以简单汇的实践经验来看，商业信用通过供应链票据高效流通初显成效，以某企业签发的782万元供应链票据包为例，截至2022年2月，此票据包流转中等分为81个子票包，在81家企业之间进行了123次背书流转，其中最长背书了6手；累计有11家持票企业向3家银行分支机构申请了18笔贴现，总额476万元、贴现率61%，单笔平均融资26万元、最小融资2万元，贴现利率较传统商业承兑汇票融资成本下降超过150个基点。

四、供应链票据的发展展望

供应链票据正式推出以来，不到两年的时间，已经取得了较好的发展势头，但占全市场票据业务量的比例还非常小。根据中国人民银行《2021年第四季度中国货币政策执行报告》披露的数据,2021年,企业累计签发商业汇票24.2万亿元,年末商业汇票未到期金额为15.0万亿元,其中由中小微企业签发的银行承兑汇票占比67.8%。展望未来,供应链票据具有广阔的发展空间。

(一)宏观环境支持供应链票据持续发展

2020年9月,人民银行等八部门联合印发的《关于规范发展供应链金融支持供应链产业链稳定循环和优化升级的意见》(银发〔2020〕226号)指明了供应链票据的发展方向。意见明确:"提升应收账款的标准化和透明度。支持金融机构与人民银行认可的供应链票据平台对接,支持核心企业签发供应链票据,鼓励银行为供应链票据提供更便利的贴现、质押等融资,支持中小微企业通过标准化票据从债券市场融资,提高商业汇票签发、流转和融资效率。"

2022年1月,人民银行与银保监会联合发布了《商业汇票承兑、贴现与再贴现管理办法(征求意见稿)》,进一步明确了供应链票据的法律地位。该征求意见稿是对1997年《商业汇票承兑、贴现与再贴现管理暂行办法》(银发〔1997〕216号)的首次大修,其中第三条明确供应链票据属于电子商业汇票,为后续配套政策的支持扫清了制度障碍;第十一条对商业承兑汇票的承兑人进行了约束,限制有一定逾期记录或未按时信披的企业承兑票据;第二十五条规定商业汇票付款期限最长不得超过6个月,也符合一般供应链场景下的平均账期。

票交所不断升级的金融基础设施为供应链票据提供了市场基础环境。2021年,票交所启动票据基础设施升级,将电子商业汇票系统(ECDS)和中国票据交易系统合并为新一代票据系统,统一票据全生命周期的业务规则、功能架构、接口规范,以及将直连供应链平台与金融机构、财务公司等纳入接入机构管理,同时加入了票据信息披露、票据账户主动管理、线上贴现等提高票据风险管理和提升票据流转效率的业务规则和系统功能,实现票据业务流程、风险管理和资产交易的线上化、智能化。

2022年，票交所将上线新一代票据系统，供应链票据的质押、保证、线上追索等功能进一步完善。供应链票据的信用叠加将会更加灵活、存续管理更加稳健，将有利于适用场景的扩展和风险管理的强化；而随着新一代票据系统的逐步上线，到期清分、线上贴现及签约等商业银行配套体系也将持续完善，可以有效消除清算异常、提高融资效率。

（二）与现有贸易融资产品的差异化特点支持供应链票据快速发展

1. 与传统银行承兑汇票、商业承兑汇票相比，供应链票据极大地提升了企业对供应链的全链条管理，且操作便利性显著提升。新一代票据体系下，供应链票据既可以为银行承兑，也可以为商业承兑，与传统电子汇票不同之处在于企业用票的接入系统不同，通过供应链平台签发、流转的票据为供应链票据。

由此，企业可以在供应链平台一个系统中使用其所有银行账户（使用了票据账户主动管理的账户除外）办理供应链票据，无须登录各家银行系统办理对应的票据业务，同时信息披露也无须对银行账户逐一披露，而仅对供应链票据账户披露即可。

这不但提高了企业用票的便捷度，更重要的是不同于传统票据信息因背书流转而分割在各家银行系统，供应链票据信息能够在供应链平台中统一管理，使承兑人能够将票据融资相关信息，如保贴银行及利率等，有效传递到每一个持票人，减少了承兑人与持票人、持票人与贴现机构之间的信息不对称，进而使票据商业信息能够真正、有效地在供应链中无损传递。

2. 与国内信用证相比，供应链票据更能满足中小企业的融资需求。首先，国内信用证适用于《国内信用证结算办法》，与供应链票据适用的《票据法》不同，证内要素可以根据买卖双方约定进行修改，不如票据标准统一；其次，国内信用证操作流程复杂，业务办理若涉及跨行交单等，电开一般快则要T+1日，而信开或需T+5日，整体效率远不如票据业务；最后，国内信用证流转操作复杂，且只能转让一次，不如供应链票据能够灵活"拆分"背书，便利且不限背书次数。另外，国内信用证议付也基本为线下商定和操作，远不如供应链票据贴现效率，所以国内信用证融资金额普遍较大，基本不可能满足中小企业的小额融资需求。

3.与流动资金贷款相比，供应链票据整体信用风险可能更低。为了规范流动资金贷款用途，银行一般要求对超过一定金额的用款采取受托支付，以及持续跟踪信贷资金流向。但是，在实务中，存在自主支付较难控制、跨行资金较难监测等问题。而供应链票据在签发环节有交易背景审核，能够便捷管控第一手的用信流向；票据流转均在票交所供应链票据平台中，能够支持银行便捷追寻后续的用信流向，进而减少操作风险和道德风险。

4.与近年来市场新兴的电子债权凭证相比，供应链票据适应场景不同，也具有广阔的应用空间。电子债权凭证与供应链票据本质都是为解决传统应收账款流动性差、商业承兑汇票灵活度低等问题的创新工具，二者由于在法律关系、财会计量等方面的不同，所以必然会共存互补。

法律关系上，供应链票据基于《票据法》，更统一、标准，二级市场流通性更好一些；而电子债权凭证基于《民法典》合同编，更自愿、灵活，能够满足供应链场景中的企业或机构的特定需求。

会计政策方面，按照新金融工具准则，供应链票据除"6+9"[①]银行承兑外，应计入AC[②]项，如无特殊约定背书和贴现均不能终止确认资产；而电子债权凭证应计入FVOCI[③]项，按市场常规的产品设计转让和无追索保理融资后能终止确认资产，所以企业会因差异化管理需求进行不同的产品组合。

[①] 按照《上市公司执行企业会计准则案例解析（2019）》及IPO口径，"6+9"银行为中国工商银行、中国农业银行、中国银行、中国建设银行、交通银行、邮政储蓄银行6家国有大型商业银行和招商银行、浦发银行、中信银行、兴业银行、平安银行、光大银行、华夏银行、民生银行、浙商银行9家上市股份制银行。
[②] 以摊余成本计量的金融资产。
[③] 以公允价值计量且其变动计入其他综合收益的金融资产。

（三）供应链票据具有打通关键制约因素的可能性

当前供应链票据总量还不大，究其原因，除了推出时间较短、市场接受程度相对较低，还存在两个关键的制约因素，一是资金来源尚不稳定，二是对该业务的普惠金融属性认定还不够明确。但这两个关键制约因素都有打开的可能性。

1. 供应链票据的资金供应将逐步打开。第一，供应链票据融资的主要金融机构是地方性银行，受限于经营范围和成本约束，服务空间有限。可喜的是，部分股份制银行已积极参与供应链票据市场，如民生银行、广发银行等；同时转贴现已经能够正常开展，这扩大了资金来源。

第二，2021年11月，国务院促进中小企业发展工作领导小组办公室印发了《关于印发提升中小企业竞争力若干措施的通知》（工信部企业〔2021〕169号），明确"引导金融机构开展标准化票据融资业务"，极大地提振了市场信心。

第三，如果人民银行能够重启供应链票据再贴现，这将有效、定向地降低中小银行，尤其是地方性银行的成本，增强供应链票据的普惠金融效果。

2. 供应链票据的普惠金融属性日益明显，银行推广的积极性不断加强。供应链票据作为应收账款票据化的重要创新工具，对标的就是实体供应链中的企业应收账款融资，从实践来看主要的贴现客群也是中小微企业，属于典型的普惠金融业务。

当前，大部分商业银行还没有把供应链票据贴现计入普惠金融考核口径，加上作为一个创新产品，内部流程的理顺和优化也需要一个过程，故部分分支机构缺乏动力。

未来，如果按照实质重于形式的原则，如果商业银行内部乃至监管部门能够将供应链票据贴现纳入普惠金融范围，必将带动基层分支机构业务拓展积极性，从而直接、有效地降低整体供应链票据融资成本，进一步惠及广大中小企业。

3.国务院国资委要求中央企业进一步加强司库体系建设,为供应链票据增加了海量应用场景。2022年1月5日,国务院国资委发布了《关于推动中央企业加快司库体系建设进一步加强资金管理的意见》(国资发财评规〔2022〕1号),要求中央企业进一步加强资金管理,有效提高资金运营效率,严格防范资金风险,全面提升财务管理精益化、集约化、智能化水平。文件特别强调,"积极推动和票据交易所、银行等机构系统实现直连,力争实现票据信息的动态采集、可视监控和兑付预警""集团要加强对供应商和客户债权债务等关键信息的统一管理"。下一阶段,预计中央企业将持续推动相关领域建设,为供应链票据应用打开新的天地。

从供应链票据发展的历史来看,由于有利于企业持续加强商业信用约束,有利于将商业信用传递给持票人,有利于促进中小持票企业解决其融资难、融资贵的问题,市场空间广阔。当前,我国正向着第二个百年奋斗目标奋进,作为普惠金融的重要创新金融产品,供应链票据必将发挥更大的作用。

新金融工具准则对银行票据业务影响分析

谢康康　黄家驹[①]

[摘　要]　为顺应国际金融发展趋势、规范金融工具的确认和计量、降低金融工具会计准则的复杂性，财政部于2017年3月修订发布了《企业会计准则第22号——金融工具确认和计量》（以下简称新金融工具准则），并要求境内外同时上市或在境外上市并采用国际准则编制财报的企业自2018年1月1日起实行，境内上市企业于2019年1月1日起实行，境内非上市企业于2021年1月1日起实行。新金融工具准则实施对金融资产的分类估值、计提减值等方面进行了重大修订。我国商业银行持有大量票据金融资产，新金融工具准则的实施对商业银行票据业务产生较大影响。基于此，本文拟结合监管政策指引、新会计准则相关文献，对新金融工具准则下不同票据资产类型进行实务案例分析，以期做好新准则下重分类的实务处理，并为后续票据资产分类及估值、商业银行经营管理、票据业务风险防控提供新的思路与建议。

[关键词]　新金融工具准则　商业银行　票据业务

[①] 谢康康，供职于江西财经大学九银票据研究院；黄家驹，供职于中信证券。

票据市场作为我国货币市场的重要子市场，票据直贴承担连接金融机构和实体经济的桥梁作用，信贷属性明显；票据转贴现承担金融机构间在货币市场相互融通资金媒介功能，资金属性明显。上海票据交易所（以下简称票交所）成立以来，场内交易模式下，票据的交易效率与合规性得到显著提升，票据业务发展进程业已进入全新里程。在此背景下，多数银行的票据资产均实现较快增长，部分银行票据规模在总信贷规模中的占比不断提升。

从实务处理层面来看，自2018年起金融机构已陆续实施新金融工具准则。截至目前，在新金融工具准则下，不同金融机构对票据资产的重分类存在些许不同的分类情况，如部分银行将票据资产全部重分类为FVOCI类资产，而部分银行将票据资产分别计入AC类、FVOCI类和FVTPL[①]类资产，行业内暂无绝对统一的规定，造成可操作空间较大，但可比性较差。本文根据实质重于形式的原则，通过案例分析每项票据资产的商业实质，探讨新金融工具准则下其重分类对经营机构的影响与变化，并提出相应对策及建议积极应对这些变化与影响。

一、文献综述

梳理过往新金融工具准则分析相关文献，主要分以下三类：

第一类是对新金融工具准则进行具体实务分析。王宁（2021）指出，新金融工具准则将原先金融资产的"四分类"变为全新的"三分类"，降低利润被操纵空间，明确分类金融资产有助于提高会计信息的可靠性，避免了旧准中的主观判断问题。赵善学等（2021）从证券公司会计实务出发，分析了其金融资产分类、确认和计量的变化特点，探讨了新金融工具准则实施的难点与可能对行业产生的影响。

第二类是新金融工具准则对经营利润和经营管理的影响相关研究。Indiael

---

① 以公允价值计量且其变动计入当期损益的金融资产。

（2016）对国际财务报告准则实施背景下的盈余管理影响进行了综述，结论显示在发达经济体和发展中经济体之间无法区分其影响，但不否认删除部分会计替代方案后会限制管理层的自由裁量权，同时公允价值的优势可能为企业管理收益提供机会。农行课题组（2018）结合自身业务经营情况，指出银行会计核算系统、管理信息系统、减值模型重构等在银行实施新金融工具准则后都将发生重大变化，同时需要监管当局、投资机构及银行业多方面沟通。冯所腾和许旭明（2018）认为，新金融工具准则对上市银行的总体减值准备有非常显著的影响，不同类型银行在资产组合结构上的差异会造成不同程度的影响。对大型银行和股份制银行而言，表内贷款及表外信用承诺等信贷业务受到的影响是主要的；对城商行、农商行而言，金融投资受到的影响是主要的。刘倩倩（2019）认为，新金融工具准则导致金融资产的后续计量发生改变，某些行为的影响还没有完全显现，减值模型的改变会导致银行利润下滑。

第三类是对金融资产重分类影响相关研究。江苏省金融会计学会课题组（2019）认为，新金融工具准则执行对金融资产重分类的影响的大小与银行金融投资占比及业务品种多少相关。卜建平（2021）认为，新金融工具准则的执行对金融资产分类的影响是普遍的。西方国家在会计准则方面研究的理论与数据都比我国完备，其主要运用于实际账务处理分析。我国相关研究始于改革开放后，在经济发展推动下逐步与国际接轨。

结合上述国内外研究成果，国内外文献主要就监管体系下的新金融工具准则相关理论进行研究，但缺乏新金融工具准则实施下对商业银行具体某项业务产生的变化与影响以及如何积极应对这些变化与影响的探讨。因此，本文拟针对这部分内容进行补充与完善。

二、新金融工具准则推出背景及内容变化分析

2008年爆发的国际金融危机，是一场由次级房屋信贷危机引发的流动性

危机，这次危机给全球经济尤其是金融市场造成了巨大的破坏，导致拥有158年历史的投资银行——雷曼兄弟公司破产，多个大型金融机构倒闭或被政府接管。危机过后，人们开始反思金融工具会计准则处理的复杂性，也意识到提高会计准则质量的重要性，二十国集团领导人峰会要求全球会计准则制定机构建立一套更高质量的会计准则。2014年7月，国际会计准则理事会（IASB）正式发布了《国际财务报告准则第9号——金融工具》（IFRS9）终稿，以替代IAS39，标志着金融工具会计处理改革项目历经6年的艰苦探讨和反复修订后终于完成，并且分成了金融工具分类和计量、金融资产减值、套期会计三个阶段。2017年3月和5月，财政部发布修订后的新金融工具企业会计准则，包括《企业会计准则第22号——金融工具确认和计量》（CAS22）、《企业会计准则第23号——金融资产转移》（CAS23）、《企业会计准则第24号——套期会计》（CAS24）和《企业会计准则第37号——金融工具列报》（CAS37），四者并称新金融工具准则。新金融工具准则对金融资产分类和计量、减值和套期三大板块进行了全面修订，在体系和内容上实现了IFRS9的趋同。

商业银行是我国经济体系的重要组成部分，对经济平稳健康发展具有重要意义。新金融工具准则修订中与商业银行业务联系较紧密的主要内容大致包括三方面：金融资产分类从旧准则下的"四分类"改为"三分类"；金融资产减值会计处理从旧准则下的"已发生损失法"改为"预期信用损失法"；修订套期会计的相关规定。以上三部分内容主要涉及CAS22和CAS23两套准则，CAS23主要针对的是资产证券化，这部分内容新旧准则并无颠覆性变化，只是细节上的修订，对商业银行的影响不大。对整个银行业的会计实务、信息披露、金融监管、金融稳定等方面产生广泛而深刻的影响主要集中在《企业会计准则第22号——金融工具确认和计量》中的一项重要变化：金融资产分类由"四分类"改为"三分类"（见表1）。

表1 新旧金融工具准则中金融资产分类内容对比

准则名称	原金融工具准则（IAS39）	新金融工具准则（IFRS9）
划分依据	根据持有目的划分	根据现金流量测试和业务模式（收取合同现金流和出售金融资产）进行划分
分类标准	1.为了交易目的持有的股票或债券：划分为以公允价值变动且其变动记入当期损益的金融资产（FVTPL） 2.准备长期持有收取利息的债券：划分为持有至到期投资（HTM） 3.准备在金融资产持续期内获取可确定的现金流量的款项：在活跃市场中没有报价，回收金额固定或可确定，划分为贷款和应收款项（L&R） 4.没有明确持有意图的股票或债券：可能较长时间持有，但最终目的也是在未来的某个时间变卖和交易以赚取收益，划分为可供出售金融资产（AFS）	1.为收取利息而持有，且合同现金流仅是对本金和利息支付的，划分为以摊余成本计量的金融资产（AC） 2.为收取利息及出售而持有，且合同现金流仅是对本金和利息支付的，划分为以公允价值计量且其变动计入其他综合收益的金融资产（FVOCI） 3.为出售而买入，或其他不满足合同现金流仅是对本金和利息支付的，划分为以公允价值变动且其变动计入当期损益的金融资产（FVTPL）
修订的必要性	存在问题：按照持有目的及持有能力分类，容易导致金融资产分类多且主观随意性强（不同类型资产的区分不严格），相同的金融工具出现不同的会计处理结果；计量规则与业务模式不完全匹配	优化后：降低利润被操纵的空间，明确分类金融资产，减少金融资产类别数量，并提供更清晰的计量金融资产的方式；使金融资产的计量与业务模式及合同现金流特征相一致，会计信息更加真实

通过上述分类标准我们可以看出：新金融工具准则划分金融资产的依据是持有资产的合同现金流特征和管理该项资产的业务模式，故与旧准则最大的不同点在于金融资产需要先进行合同现金流量特征（SPPI）测试（见图1）。

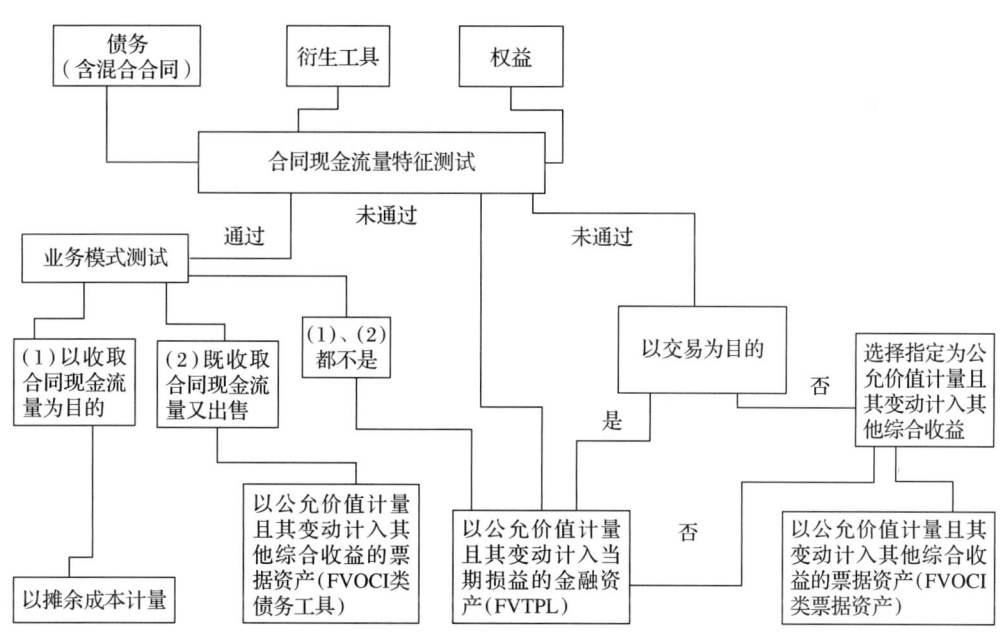

图1 新金融工具准则下金融资产分类标准

合同现金流量特征测试，指主体需要判断金融资产在特定日期内产生的合同现金流量是否仅为对本金和未偿付本金的利息的支付（SPPI）。金融资产只有在SPPI测试通过后，才需要进一步分析其所在金融资产组合的"业务模式"，从而确定分类是AC、FVOCI可回转损益（债务工具）或者是FVTPL；如未通过测试，通常根据交易目的被分类为FVTPL或者FVOCI不可回转损益（权益工具）。

此外，在资产减值处理方面新旧准则也存在明显差异。新金融工具准则在票据资产进行"三分类"确认时就需要计提未来的预期信用损失。而旧准则只有出现票据资产已出现减值损失时才计提资产减值准备。实务处理中，旧准则下计提减值准备一般采用百分比方法，计算简单，而在新金融工具准则下需通过违约概率、违约损失率等大数据构建合理的计量预期信用损失的模型。

三、票据资产会计分类概况

在新金融工具准则下，票据资产均可以归属以下三种不同分类情况。

（一）以摊余成本计量的票据资产（AC类票据资产）

AC类票据资产，是指持有到期的票据资产，要求严格禁止转卖，按照每日计提收益，当期摊销掉的收入计入利润表，该部分票据资产与传统会计准则核算无差异。

一般为表内（信贷）+表外（同业投资）规模内的持票中的底仓资产，即持有到期票据资产应当划分为该类，受票据收益影响，目前来说该类资产占比极少。如A银行资产负债部分给票据的信贷规模和同业投资规模各100亿元，通常设定极低比例票据作为底仓配置，占用信贷规模的业务为直贴和转贴现买入，占用同业投资规模的业务为买入返售。如直贴或转贴买入的高收益票据；

投资高收益票据资管计划（底层资产通常为高收益城商票、财司票、商票），这类到期前不动的资产都应计入摊余成本计量。此外买入返售的所有业务需计入该项分类。

（二）以公允价值计量且其变动计入其他综合收益的票据资产（FVOCI类票据资产）

FVOCI类票据资产，是指兼具持有收息和转卖获利功能的票据，但转卖比例合计不能超过某一限额。期末资产入账价值为公允价值，估值变动计入所有者权益，暂时不影响利润表。公允价值与摊余成本的差额计入"其他综合收益"，期初摊余成本乘以实际利率确认"投资收益"。资产处置时，"投资收益"转"其他综合收益"。主要为常规直转票据业务，市场化利率，利率不具备很强持有到期优势（如部分银行保贴的商票），利率下行时可卖出，也有如流转业务时做波段买入在行内分配规模的票据资产，但需季末寻找表外代持或直接卖断；或者在投放不利的情况下资产负债部门临时通知追加票据规模，以补充信贷规模的票据资产。部分股份制银行的商票保贴业务是给予保贴额度的一种授信行为。当银行对商票实现贴现后，成为票据权利人，有权进行转贴现、再贴现或于汇票到期日提示付款，其本质属于"对本金和未偿付本金的利息"模式，可以通过SPPI测试，且基本认定为"以既收取合同现金流量又以出售该金融资产为目标"，被分类计入FVOCI科目。

（三）以公允价值计量且其变动计入当期损益的金融资产（FVTPL类票据资产）

FVTPL类票据资产，是指买入目的为中途流转卖出的票据资产，这类资产持有意图为赚取买卖差价，期末以公允价值入账，公允价值变动计入"公允价值变动损益"，属于损益类科目，影响当期利润；处置时"公允价值变动损益"再转入"投资收益"。票据资管，根据票据资管的商业实质，其持有意图是为了流转卖出赚取买卖差价，存在频繁波段操作，具有交易性，期末以公允价值计量，公允价值变动计入公允价值变动损益，因此，计入以公允价值计量且其变动计入当期损益（FVTPL）科目。此外，在交易风格保守的机构，这类票据一般应当是在买入时即能确定交易价差，在买入当天或者较短时间内可以卖给下家的交易类票据。

标准化票据业务最为特殊。标准化票据到期偿付为集中兑付，即所有票据回款后，按投资者持有份额进行兑付本金和利息。虽然标准化票据还未被直接认定为标准化债权类资产，但在很大程度上，基本符合标准化债权类资产的条件。投资者购买的是票据标准化后的受益凭证，投资者在会计实务处理上基本可以实现不计入贴现科目。因此，其本质基本属于"对本金和未偿付本金的利息"的模式，可以通过SPPI测试。再进一步根据业务模式的不同，可以分别计入三类金融资产（AC/FVOCI/FVTPL）中的任一科目。但如果之后存在特殊附加条款，则将会无法通过SPPI测试，直接计入以公允价值计量且其变动计入当期损益（FVTPL）科目。

票据市场银行类参与机构众多，从国有银行、股份制银行到城商行、农商银行，不同类型的机构根据新金融工具准则进行了相应会计调整，各银行对票据贴现、转贴现、国际福费廷等主要金融资产分类不尽相同。新金融工具准则下，金融机构对票据资产的摆盘分类主要有四类，具体如表2所示。

表2　市场代表银行票据资产分类

票据资产分类	代表银行
票据计入AC类资产	星展银行、三峡银行、盘古银行
票据计入FVOCI类资产	中国银行、中国光大银行、兴业银行、浙商银行、广发银行、重庆农商行、三井住友银行
票据计入AC类、FVOCI类资产	中国工商银行、中国邮政储蓄银行
票据计入AC类、FVOCI类、FVTPL类资产	中国农业银行、浦发银行、招商银行、成都银行

数据来源：Wind数据库。

四、新金融工具准则的执行对商业银行票据资产影响案例分析

根据新金融工具准则的要求，对票据业务中的票据资产进行以上"三分类"后，不同的资产分类方式将会对报表产生不同的影响，现进行案例简析。首先假设某行将入库的票据进行分类入户，具体如表3所示。

表3　票据资产账户模式与"三分类"对应关系

序号	账户模式	对应票据资产分类	减值准备
1	持有户	以摊余成本计量（AC类）	计提
2	混合户	以公允价值计量且其变动计入其他综合收益（FVOCI类）	计提
3	交易户	以公允价值计量且其变动计入当期损益（FVTPL类）	无须计提

（一）新金融工具准则下票据资产分类对报表影响案例分析

假设某行在2020年1月31日买入1张票据，票面金额为10000万元，利率为3.0%。某行现行的报表核算规则为"每日计提、按月确认"。

1. 假设票据进入持有户，即以摊余成本计量。以摊余成本计量的票据资产，只能持有到期，且利率确认为买入利率，其间公允价值变动时对资产没有影响。因此从表4可以看出，在2020年7月31日确认利息收入时，虽然当时因公允价值变动导致利率为3.20%，但票据资产并没有发生变化，利息收入为150万

表4　持有户票据报表影响

单位：万元、%

	买入时剩余期限一年		利率	资产负债表				利润表		
				面值	利息调整	公允价值变动	其他综合收益	利息收入	投资收益	公允价值变动损益
持有户（以摊余成本计量）	买入	2020/1/31	3.00	10000.00	-300.00					
	确认利息收入	2020/7/31	3.20		150.00			150.00		
	确认利息收入	2020/10/31	2.80	-10000.00	75.00			75.00		
	合计				0.00	0.00		225.00		

元，计入某行利润表中的"利息收入"科目；在2020年10月31日确认利息收入时，同理，公允价值变动对票据资产没有造成影响，利息收入为75万元，计入"利息收入"科目。

2. 假设票据进入混合户，即以公允价值计量且其变动计入其他综合收益计量。以公允价值计量且其变动计入其他综合收益计量的票据资产，是兼具持有收息和转卖获利功能的票据，其间资产会随着公允价值变动而变化。假设一：根据表5，2022年7月31日，因公允价值上升至3.20%时，票据资产随之变动10万元，应在资产负债表中计提，计入"其他综合收益"科目；10月31日，某行进行利息确认75万元；另外某行于10月31日卖出该票据资产，则产生的非息收入（买卖价差收入）5万元计入某行利润表中的"投资收益"科目，同时公允价值变动也在资产负债表中同步确认10万元。假设二：如表5所示，其他条件与假设一不变，但某行在9月30日进行利息确认，利息收入为50万元；而后某行于10月15日将票据卖出，此时因未到利息确认日，故9月30日至10月15日持有利息收入与卖断产生的非息收入一并计入利润表中的"投资收益"科目，同时公允价值变动也同步确认10万元。

表5 混合户票据报表影响

单位：万元、%

	买入时剩余期限一年		利率	资产负债表				利润表		
				面值	利息调整	公允价值变动	其他综合收益	利息收入	投资收益	公允价值变动损益
综合户（以公允价值计量且其变动计入其他综合收益计量）	买入	2020/1/31	3.00	10000.00	−300.00					
	确认利息收入	2020/7/31	3.20		150.00			150.00		
	公允价值变动	2020/7/31	3.20			−10.00	−10.00			
	确认利息收入	2020/10/31	2.80		75.00			75.00		
	卖出	2020/10/31	2.80	−10000.00	75.00	10.00	10.00		5.00	
	合计				0.00	0.00		225.00	5.00	

续表

	买入时剩余期限一年		利率	资产负债表				利润表		
				面值	利息调整	公允价值变动	其他综合收益	利息收入	投资收益	公允价值变动损益
综合户（以公允价值计量且其变动计入其他综合收益计量）	买入	2020/1/31	3.00	10000.00	-300.00					
	确认利息收入	2020/7/31	3.20		150.00			150.00		
	公允价值变动	2020/7/31	3.20			-10.00	-10.00			
	确认利息收入	2020/9/30	3.20		50.00			50.00		
	卖出	2020/10/15	2.80	-10000.00	100.00	10.00	10.00		30.00	
	合计			0.00	0.00			200.00	30.00	

3. 假设票据进入交易户，即以公允价值计量且其变动计入当期损益计量。以公允价值计量且其变动计入当期损益计量的票据资产，指买入目的为中途流转卖出的票据资产，与前文所列两种分类不同的是，该类型资产以实付金额为面值（前两种均为票面金额）。如表6所示，7月31日公允价值发生变动时，票据资产以"公允价值"入账，公允价值变动140万元计入利润表中"公允价值变动损益"科目；10月31日将票据卖出，卖断产生的非息收入计入利润表中"投资收益"科目，同时将"公允价值变动损益"公允价值调整至"投资收益"中。

表6 交易户票据报表影响

单位：万元、%

	买入时剩余期限一年		利率	资产负债表				利润表		
				面值	利息调整	公允价值变动	其他综合收益	利息收入	投资收益	公允价值变动损益
交易户（以公允价值计量且其变动计入当期损益计量）	买入	2020/1/31	3.00	9700.00						
	公允价值变动	2020/7/31	3.20			140.00				140.00
	卖出	2020/10/31	2.80	-9700.00		-140.00			230.00	-140.00
	合计			0.00		0.00			230.00	0.00

综上所述，AC类票据资产，利息收入在持有期间摊销计入利润表，对当期利润的影响较平稳。FVOCI类票据资产，公允价值变动计入其他综合收益，不直接影响当期利润。FVTPL类票据资产，公允价值变动计入利润表，对当期的利润影响较大。

4.整体模拟分析。以某股份制银行2021年年报数据为例，其票据资产AC类约0.14亿元，FVOCI类约2200亿元，FVTPL类约2100亿元。同期，某股份制银行总资产9.2万亿元，广义票据资产占比约5%，利润总额1481亿元，总资本0.97万亿元，风险加权资产5.5万亿元。因此，我们通过近似比例缩小后，分别假设有A、B、C三家资产规模1万亿元、票据直转规模600亿元的银行，持票平均剩余期限0.7年，当期利润总额为158亿元，资本充足率15.38%（总资本0.1万亿元，风险加权资产0.65万亿元），某段期间其库存票据划分分别符合表7所示标准。

表7　A、B、C三家银行票据分类

银行	占比		
	以摊余成本计量（AC类）	以公允价值计量且其变动计入其他综合收益（FVOCI类）	以公允价值计量且其变动计入当期损益（FVTPL类）
A银行	33%	34%	33%
B银行	10%	80%	10%
C银行	0%	50%	50%

假设在该段时间内市场公允价值发生变化，那么对每家机构的报表的影响如表8所示。

表8　A、B、C三家银行票据估值变化

A银行估值情景	当期利润变动	利润波动比例（季）	其他综合收益变动	资本充足率变化
利率上行20个基点	−0.2772	−0.702%	−0.2856	−0.004%
利率下行20个基点	0.2772	0.702%	0.2856	0.004%
利率上行50个基点	−0.693	−1.754%	−0.714	−0.01%
利率下行50个基点	0.693	1.754%	0.714	0.01%
利率上行80个基点	−1.1088	−2.807%	−1.1424	−0.02%
利率下行80个基点	1.1088	2.807%	1.1424	0.02%

续表

B银行估值情景	当期利润变动	利润波动比例（季）	其他综合收益变动	资本充足率变化
利率上行20个基点	−0.084	−0.213%	−0.672	−0.01%
利率下行20个基点	0.084	0.213%	0.672	0.01%
利率上行50个基点	−0.21	−0.532%	−1.68	−0.03%
利率下行50个基点	0.21	0.532%	1.68	0.03%
利率上行80个基点	−0.336	−0.851%	−2.688	−0.04%
利率下行80个基点	0.336	0.851%	2.688	0.04%
C银行估值情景	当期利润变动	利润波动比例（季）	其他综合收益变动	资本充足率变化
利率上行20个基点	−0.42	−1.063%	−0.42	−0.01%
利率下行20个基点	0.42	1.063%	0.42	0.01%
利率上行50个基点	−1.05	−2.658%	−1.05	−0.02%
利率下行50个基点	1.05	2.658%	1.05	0.02%
利率上行80个基点	−1.68	−4.253%	−1.68	−0.03%
利率下行80个基点	1.68	4.253%	1.68	0.03%

通过上述案例分析可以发现，票据资产虽然在银行资产负债表上整体占比仅为6%，但在较为不利的市场环境下，其公允价值的估值变动依然可能给利润及监管指标带来较为显著的影响。以C银行为例，该行以公允价值计量且其变动计入当期损益的票据资产占比较高，表8中在估值利率上行80个基点的强烈震荡趋势中，其当季利润的波动可达4.25%。以B银行为例，该行以公允价值计量且其变动计入其他综合收益的票据资产占比较高，估值的不利变动会导致资本充足率下滑，表8中当估值利率上行80个基点时，其资本充足率下滑约0.04%。

2021年，全年足年国股利率下滑超过100个基点，故现实交易中其对同业经营机构营收和资本充足率的影响更大，票据业务也从过去的以险搏利转型为以智搏利。

（二）新金融工具准则对票据资产计提减值准备案例分析

预期信用损失的计量反映的是发生信用损失的各种可能性。计算预期信用损失的基本公式为：

$$ECL = PD \times LGD \times EAD$$

未来12个月内预期信用损失 $ECL_{12M} = PD_{12N} \times LGD_{12M} \times EAD_{12M}$

存续期内预期信用损失 $ECL_{LiftTime} = \sum PD_t \times LGD_t \times EAD_t, (t \leqslant lifetime)$

其中，PD表示违约概率，LGD表示违约损失率，EAD表示违约风险暴露。除了上述三个基本参数，实务计算中一般还会加上存续期、阶段划分标准等影响因子。

我们仍假设存在上述三家银行，采用上述"预期信用损失模型"对这三家银行票据全业务周期计提资产减值损失分别进行测算（见表9）。

表9 A、B、C三家银行票据业务计提减值准备情况

单位：万元

类型	A银行	B银行	C银行
混合类型账户减值准备	10.02	23.06	17.02
交易账户减值准备	0	0	0
持有账户减值	15.05	5.01	0
合计	25.07	28.07	17.02

按照新金融工具准则，因为交易类投资账户需逐日盯市，市场风险显性化，会及时反映在当期财报中，故无须计提资产减值损失。而C银行又没有持有户票据资产，故其资产减值准备最小。A银行摆盘相对均衡，资产减值准备次之。B银行票据中AC类与FVOCI类占比最高，其资产减值准备最高。其中B银行资产减值准备是C银行的1.64倍。通过对上述案例的简单分析，我们可以发现不同分类对于商业银行的利润、拨备与资本计提的影响差异较大，因此现实业务中做好科学分类极有必要。

五、结论与建议

（一）厘定定量规模，规划总体规模

在旧准则体系下，大部分银行都将票据纳入摊余成本计量。新金融工具准

则实施后，商业银行在操作过程中，出于随时可能卖出交易的考量，更倾向于将持仓票据分类为FVOCI类。但这并不足以说明AC类应完全被舍弃，毕竟2021年以来票据市场持续低位运行，但在季末时段利率一般会快速上行，估值损益将对财务指标产生不利影响。故笔者认为，票据经营机构应按照交易需求合理预估规模计划，平衡AC类与FVOCI类占比，以免在不利市场环境下给资本充足率指标带来不利影响。随着票据市场规模日益递增，新金融工具准则下各项票据资产分类对报表的影响也会越发明显，如何实现各项票据资产表内、表外合理调整，如何帮助调节信贷额度，并确保在特定时间能够满足监管考核要求，需要各机构主体结合自身定量、增量规模计划等因素进行权衡，一般应认为基础定量规模为经营机构持仓票据的规模下限，基础定量规模加计裁量增量规模为经营机构持仓票据的规模上限，避免在月末、季末市场大幅波动时为了调规模而被动交易。

（二）拓展曲线品种，完善估值体系

在前面的分析中我们可以看出，在新金融工具准则下有部分银行将持仓票据收益列入公允价值变动损益科目，这部分票据需以公允价值计量。目前，票交所收益曲线仅有国股转贴现和城商转贴现，品种单一，无法覆盖现实交易中的所有品种，而现实中各家银行库存中农商票、财司票、商票均占有一定比例，且库存票据的期限结构相对复杂，逐日变化，导致在实际核算时估值存在较大误差。此外，对于标准化票据，之前中央国债登记结算有限公司给予的中债估值，使其初步具备了公允定价的条件。故后续需进一步完善票据市场估值体系，强化票据市场生态建设，加快推出市场中农商票、财司票、商票、标票等品种票据收益曲线，为票据市场引入更多参与主体做好铺垫。

（三）强化风险管理，提升管理质量

新金融工具准则已启动实施2年，观其后效，发现新金融工具准则对国内金融机构的影响主要来源于金融资产重分类和预期损失的计量。而预期损失计量已经不仅仅停留在会计实务处理层面，还涉及模型参数估计方法论、模型验证、宏观经济预测设置等方面，许多衔接细节仍需持续改善。对于商业银行而言，如何加强信用风险管理和财务管理，如绩效考核、预算规划、模型系统搭建、五级分类如何对应三阶段、指标管理等，未来仍面临一定的挑战。在监管层面，有必要持续完善信息系统、提高数据质量要求及信息披露要求，促使潜在问题尽早暴露，未来才能及时、有效地解决。

参考文献

[1] 王宁. 新金融工具准则金融资产分类实务应用[J]. 审计与理财，2021(8)：46-47.

[2] 冯所腾，许旭明. 实施新金融工具准则对上市银行的影响分析[J]. 银行家，2019(5)：22-23.

[3] 江苏省金融会计学会课题组，黄向庆. 新金融工具准则对商业银行的影响研究[J]. 金融会计，2019(11)：7-18.

[4] 卜建平. 新金融工具准则对商业银行财务报表的影响[J]. 现代商业，2021(6)：70-72.

[5] 赵善学，赵睿. 证券公司实施新金融工具准则的难点、影响与对策[J]. 财务与会计，2021(20)：78-79.

[6] 刘倩倩. 金融工具准则修订与商业银行经营行为研究[D]. 北京：北京交通大学，2019.

[7] 王婕，林桂娥. 金融工具国际会计准则变革及其对银行业的影响[J]. 金融论坛，2021(6)：60-79.

[8] 张金良. 预期损失模型对商业银行的影响及应对[J]. 金融会计，2015(1)：37-38.

[9] 顾吉锋. 新金融工具会计准则的实施对商业银行的影响研究[J]. 会计

师，2018(17)：9-10.

[10] 吴飞虹. 新金融工具会计准则实施对我国商业银行的影响探究[J]. 金融纵横，2018(2)：9-10.

[11] 唐家艺. 新套期会计准则对我国上市银行的预期影响研究[D]. 北京：中国财政科学研究院，2018.

[12] Indiael D K. The Impact of International Financial Reporting Standards (IFRS) on Earnings Management: a Review of Empirical Evidence[J]. Journal of Finance and Accounting, 2016(3)：57-65.

加快推进绿色票据实践，助力碳达峰、碳中和目标实现

秦书卷　李紫薇　詹雅丽[①]

[摘　要]　在碳达峰、碳中和愿景的指引下，我国绿色票据市场的发展迎来了巨大的机遇。绿色票据作为一种重要的绿色供应链金融工具，可以为中小企业提供绿色融资，促进实现碳达峰、碳中和愿景。2018年以来，多地人民银行分支机构、商业银行陆续开展绿色票据贴现、再贴现业务，然而从目前绿色票据实践来看，并没有很好地吻合票据的特征。当前我国绿色票据发展仍处于起步阶段，绿色票据普及度不高，在绿色票据业务顶层设计、配套制度等方面尚存在空白，全国各地绿色票据评定标准存在差异，绿色票据发展仍然存在一些亟须解决的问题。本文对绿色票据发展实践，重点对江西省绿色票据业务进行研究，指出未来绿色票据发展应在制定标准、系统建设、顶层设计、风险防控方面实现突破。

[关键词]　绿色票据　碳达峰　碳中和

---

① 秦书卷、李紫薇，供职于九江银行；詹雅丽，供职于兴业银行莆田支行。

一、绿色票据与碳达峰、碳中和

（一）碳达峰、碳中和背景

随着工业革命的发展，大气层中的碳浓度开始大幅上升。碳浓度上升引发的全球变暖等气候变化使自然灾害风险呈现增加趋势，将严重威胁经济发展和生态稳定。在这样的背景下，绿色可持续发展正在成为全球共识，以低碳发展为特征的新增长路径已成为全球经济转型的主要方向。2020年9月22日，中国国家主席习近平在第75届联合国大会一般性辩论上宣布，中国将力争2030年前实现二氧化碳排放达到峰值，2060年前实现碳中和。《中华人民共和国国民经济和社会发展第十四个五年规划和2035年远景目标纲要》提出"加快发展方式绿色转型""坚持生态优先、绿色发展，推进资源总量管理、科学配置、全面节约、循环利用，协同推进经济高质量发展和生态环境高水平保护"，大力发展绿色金融。

（二）绿色金融体系

在政府大力倡导支持、相关政策陆续出台和各类机构积极探索下，虽然绿色金融近年来得以快速发展，但由于我国绿色金融起步较晚，在"30·60"目标的要求下，我国绿色金融体系还存在许多亟待完善提高的地方。2020年12月，人民银行货币政策委员会提出"以促进实现碳达峰、碳中和为目标完善绿色金融体系"；2021年1月召开的人民银行工作会议再次提及"落实碳达峰、碳中和重大决策部署，完善绿色金融政策框架和激励机制"。

绿色金融体系是指，通过绿色信贷、绿色债券、绿色股票指数和相关产品、绿色发展基金、绿色保险、碳金融等金融工具和相关政策支持经济向绿色化转型的制度安排。简而言之，绿色金融体系是促进绿色金融发展的一整套制度供给。体制机制具有管长远的作用，绿色金融体系的发展和构建本身也是我国自身产业升级和社会资源达到有效均衡配置的必经之路，使我国的经济增长和发展呈现健康的可持续发展模式。绿色金融体系通过改变不同类型项目的融资成本与可获得性，引导社会资本逐步从一些高污染、高耗能的重工业行业退出，进入环保和低污染的服务型行业。

通过构建绿色金融体系引导经济"绿化"，在某种意义上已成为引导我国未来发展的一种理性的"市场选择"：构建中国绿色金融体系有助于促进中国实体经济向绿色经济转型，有利于加快经济结构调整和供给侧结构性改革的实施和完成；同时，绿色金融业务的开展也有助于扩充中国金融体系的边界，丰富中国金融体系的内涵，深化中国金融体系的结构。在这一过程中，中国金融业需要顺应传统产业换代升级的需求，提升金融服务的层次和功能，实现金融资本和产业资本的良性互动。对传统产业中的企业进行技术升级改造提供资金支持，使信贷资金向结构调整、自主创新、节能环保、循环经济等领域倾斜；对"两高一剩"产业设立行业准入门槛，制定环保评判标准和细则，以便提高绿色信贷的操作性；针对传统产业升级改造过程中对技术依赖较高、资金需求大、可用抵押物少的特点，金融机构应积极创新贷款抵押方式，以技术专利、升级设备、存货、应收账款等作为传统产业升级改造贷款抵押物，开拓试行多家企业联保贷款模式。

（三）绿色票据与碳达峰、碳中和关系

绿色票据即绿色概念与票据的结合。绿色票据是与环境改善、资源节约高效利用、应对气候变化等目标相关的绿色产业或项目经营活动而开展相关的商业汇票业务。广义的绿色票据既包括绿色商业汇票，也包括绿色融资性票据（绿色商业本票），以及基于绿色票据基础资产的衍生产品和结构化产品，而在银行间债券市场发行的绿色短期融资券、绿色超短期融资券也属于绿色票据的理论范畴。

在碳达峰、碳中和愿景的指引下，为完成"30·60"目标，我国经济需要向绿色低碳、可持续发展转型。这为我国绿色票据市场的发展提供了巨大的机遇。同时，绿色票据作为一种重要绿色供应链金融工具，为中小企业提供绿色融资，可以促进实现碳达峰碳中和愿景。

第一，碳达峰、碳中和促进绿色票据市场的发展。绿色票据区别于一般票据的特点在于其绿色属性。票据市场引入绿色概念，既能提升票据市场服务实体经济的能力，也有利于促进我国绿色金融体系的全面深化发展。同时，对绿色项目相关的票据进行绿色贴标，可以提高其市场辨识度和接受度，使签发人更容易获取绿色项目融资。借助发展绿色票据的机会推出绿色融资性票据，丰富票据市场产品体系，吸引多样化投资者进入票据市场，从而激发票据市场活力。

第二，绿色票据是实现碳达峰、碳中和的重要绿色供应链金融工具。目前较为流行的绿色金融产品主要是绿色信贷和绿色债券，对中小企业而言门槛较高。绿色票据能够对现有绿色金融产品体系形成有效补充，为中小企业提供更多的融资工具，提升绿色金融服务实体经济的效能，为绿色金融产品投资者提供更多选择。进一步加大绿色金融创新，发展绿色票据，推动金融机构合理配置金融资源，加大对绿色产业、绿色项目的资金支持，有利于促进经济与环境协调发展，加快推进生态文明建设，落实国家战略方针。

第三，绿色票据能够为实现碳达峰、碳中和提供绿色融资。在实现碳中和目标的过程中，需要大量资金的投入。中金公司的一项研究成果估算显示，2020—2060年，平均每年的绿色经济投资在万亿元以上。如此巨大的资金投入需求，将为绿色票据的发展提供巨大的机遇。目前，实现碳达峰、碳中和遇到的一个突出问题是对于各类非金融市场主体的渗透率不高，尤其缺少涉及中小微企业的渠道。近年来，票据市场的规模不断攀升，对于中小企业的支持作用尤为明显，目前中小微企业在票据融资中的占比超过六成。商业汇票签发便利、流动性高，交易过程标准化，可适应中小企业融资"短、频、急"的特点，而绿色票据可根据标准筛选出的绿色中小企业，进行货币政策支持的精准"滴灌"。

二、国内绿色票据实践探索

2016年8月，人民银行、财政部等七部门联合印发了《关于构建绿色金融体系的指导意见》，为我国绿色金融体系构建提出了具体要求，绿色票据开始萌芽。

（一）国内绿色票据实践

人民银行克拉玛依市中心支行绿色票据再贴现。2018年6月，人民银行克拉玛依市中心支行授权3亿元限额用于办理绿色票据再贴现业务，实现了货币政策工具支持绿色金融改革创新试验区新的突破。绿色票据资金主要投向石油石化传统产业绿色化升级、落地原油等污染物无害化处理等改造项目。

兴业银行北京分行"绿票通"业务。兴业银行"绿票通"业务是指，兴业银行为满足人民银行《绿色债券支持项目目录》中"节能环保设备制造、清洁能源发电、污染防治、资源回收利用、生态保护"等行业的绿色企业办理商业汇票贴现，再由该行向人民银行申请以优惠的资金价格进行再贴现的资金融通业务。2018年6月，兴业银行北京分行"绿票通"业务成功落地，首批享受"绿票通"服务的企业以低于当日市场贴现利率完成了绿色票据的贴现。

人民银行潍坊市中心支行"绿色票据直通车"。2018年6月，人民银行潍坊市中心支行制定"绿色票据直通车"实施意见，以发挥货币政策工具引导作用为切入点，对经银行机构推荐并纳入重点支持名单的绿色企业或绿色项目，在商品交易和劳务供应中签发、收受、转让的商业汇票，优先给予再贴现支持。人民银行潍坊市中心支行先后拿出再贴现额度达8亿元，专项支持绿色票据业务，围绕绿色发展理念，从新材料、新能源等符合绿色经济发展趋势的企业中，推荐13家核心绿色企业及87家上下游企业，建立"重点绿色企业名单"，对入选企业实施主办银行制度，对相关票据进行优先审验，优先为符合要求的绿色票据办理贴现业务。

人民银行深圳市中心支行"绿票通"业务。人民银行深圳市中心支行"绿票通"业务是人民银行深圳市中心支行与深圳绿色金融专业委员会设立的用于支持绿色企业、绿色项目票据融资的再贴现快速通道服务项目,专项用于支持节能、污染防治、资源节约与利用、清洁交通、清洁能源、生态保护和适应气候变化等领域。2018年10月,人民银行深圳市中心支行设立首批规模10亿元的"绿票通"专项再贴现额度,对由人民银行深圳市中心支行和深圳绿金委共同审定的"绿色企业名录"内的企业优先办理再贴现业务。

人民银行株洲市中心支行"绿贴通"业务。2019年6月,人民银行株洲市中心支行"绿贴通"业务成功办理。"绿贴通"是商业银行、人民银行对绿色企业持有、签发的票据进行贴现和再贴现的融资服务。对于纳入"绿贴通"业务白名单的符合绿色标准的节能减排、低碳环保、资源节约型、环境友好型等要求的企业,由人民银行安排专项再贴现额度保障经认证企业的资金需求,主办商业银行开通"绿贴通"票据业务"直通车",设定专营柜台、配备专人办理专项业务,并对"绿贴通"票据贴现利率予以低于该行同期小微企业票据贴现利率的优惠,人民银行株洲市中心支行设立"绿贴通"再贴现绿色通道,对"绿贴通"业务随到随办,一次办结。

2018年以来,多地人民银行分支机构、商业银行陆续开展绿色票据贴现、再贴现业务,引导绿色资金精准投向绿色产业、绿色项目,支持绿色主体发展。然而,由于票据涉及承兑、背书、贴现、再贴现等多个环节,兼具融资、支付、结算、投资、调控等多项功能,从目前绿色票据实践来看,多是通过"正面清单"形式给予符合要求的绿色主体票据贴现、再贴现优惠力度来实施,仅仅针对票据融资功能给予政策支持,而未考虑票据承兑、背书等环节是否涉及绿色属性,未能对涉及绿色贸易背景的非绿色主体予以考虑,未能考虑票据的支付、结算、投资功能,没有很好地吻合票据的特征。

（二）江西试点绿色票据介绍

江西省绿色票据实践。江西是较早开展绿色票据研究与试点工作的省份之一。2019年1月，九江银行联合中央财经大学绿色金融国际研究院和江西财经大学九银票据研究院，在人民银行的指导下，共同发起全国首个绿色票据研究课题，同年10月，课题组在赣江新区正式发布全国首个绿色票据研究成果。2020年3月，江西省金融学会制定《江西省绿色票据认定和管理指引（试行）》，明确了绿色票据认定标准及认定流程，指出商业银行在开展绿色票据业务时，原则上应委托有资质的第三方机构进行绿色票据认定工作。4月，人民银行南昌中心支行出台《关于运用再贴现工具支持绿色票据发展的通知》，明确实施绿色票据再贴现相关制度支持，在已有再贴现限额内留出一定比例额度作为绿色票据专项限额，取消贴现日、再贴现日之间间隔限制，不受单张票面金额限制。九江银行赣江新区分行大胆创新，先行先试，落地了江西省首单绿色票据业务，同时成功办理了省内第一笔绿色票据再贴现业务，打通了人民银行再贴现资金支持绿色实体企业的发展路径。

绿色票据认定规则。江西省为绿色票据业务开展制定了一套完善的认定规则和业务流程，为全省绿色票据业务的规范化办理提供了制度保障。充分结合票据的流转和融资特点，考虑票据在产业链上的特定信用支付功能，召开多轮专家会，最终开创性地提出认定绿色票据的两环节和三条件。即在签发和贴现环节，对于符合下列条件之一的票据，可认定为绿色票据：（1）绿色主体签发或贴现的票据；（2）交易标的为绿色产品的票据；（3）交易标的用于绿色项目的票据。其中，通过交易标的或交易标的用途进行认定的，须满足交易标的或交易标的的用途属于《绿色债券支持项目目录》。

绿色票据业务流程。绿色票据业务流程包括绿色票据评定流程和绿色票据出票、贴现流程两部分，如图1所示：（1）出票企业或贴现企业申请绿票打标或绿票贴现，向承兑银行或贴现银行提供绿色票据主体资质或所购买产品符合绿色票据交易要求的证明资料，并对所提供的资料真实性、完整性和有效性负责；（2）银行受理企业业务申请，对所提交的资料进行审核，判断票据交易背景或申请主体是否符合绿色票据要求，在初步判断为绿色票据后将资料传送到第三方评定机构;(3)第三方评定机构对绿色票据进行认定,并将结果反馈至承兑银行或贴现银行;(4)承兑银行或贴现银行根据第三方评定机构出具的专业意见,对符合绿色要求的票据进行绿色标示,同时将票据绿色属性上传至票交所系统;(5)商业银行为出票企业或贴现企业办理票据业务,针对评定为绿色票据的业务,按照绿色票据业务操作流程为其办理承兑或贴现业务,并给予绿色票据一定的优惠支持。

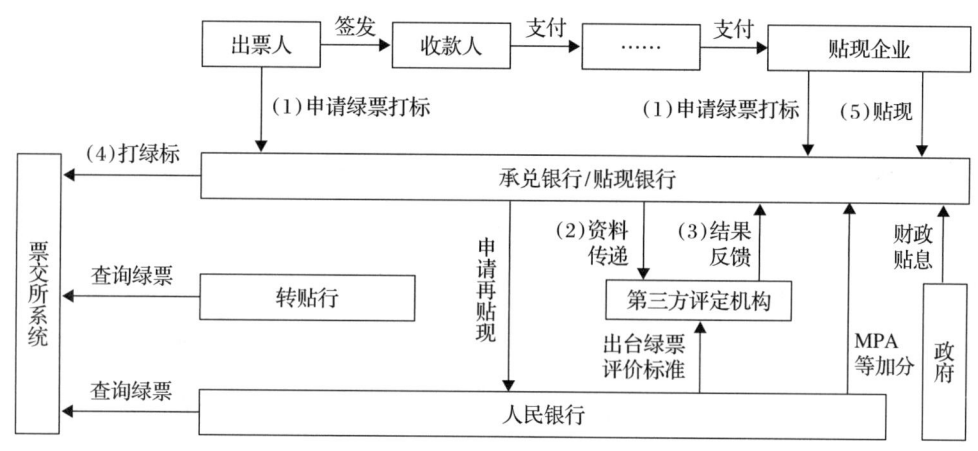

图1 江西省绿色票据业务流程

江西省绿色票据业务具有一定的可行性与科学性,具体表现包括:

(1)认定标准的科学性。从交易主体、交易标的、交易标的的用途三个方面对票据是否涉绿进行判断,满足其一即可,摆脱了单一维度下由于对绿色票据认识不足所造成的应认定而未认定的情形。

(2)认定机制的科学性。由专业的第三方机构按照评定标准进行判定,确保了绿色票据认定标准的统一性、认定程序的规范性和认定工时的有效性。

三、加快推进绿色票据的问题和建议

当前我国绿色票据发展仍处于起步阶段,绿色票据普及度不高,在绿色票

据业务顶层设计、配套制度等方面尚存在空白，全国各地绿色票据评定标准存在差异，绿色票据发展仍然存在一些亟须解决的问题。

（一）绿色票据发展现阶段存在的问题

绿色票据推行至今，效果不尽如人意，认定标准的不统一、顶层设计的不健全以及风控机制的不完善致使绿色票据难以在市场上流通，绿色票据认定难、推行难亟须解决。

缺乏统一的绿色票据认定体系。目前，国内外对绿色票据概念尚无清晰的定义，尽管部分专家学者对绿色票据进行了界定，但未形成普遍的市场认同，人们对绿色票据概念认识不清晰，由此导致绿色票据认定存在困难。

第一，缺乏统一的认定标准。我国绿色票据标准主要参照《绿色债券支持项目目录》，该目录对债券发行主体及相关项目进行了规定，且主要适用于大型企业或项目，与票据市场参与主体存在一定的差异性，绿色票据涉及承兑、背书、贴现等环节，涉及主体多，交易链条长，认定更为复杂。除此之外，《绿色债券支持项目目录》对于开票主体购买非目录产品用于制造绿色目录内的产品等情形下所开具的商业汇票是否属于绿色票据范畴尚无确切指向，由于缺乏专门的《绿色票据支持项目目录》，我国绿色票据认定标准不一。

第二，缺乏权威的认定程序。对于绿色票据的认定，各省份自成标准，遵循各自的认定流程，尚未形成一套完善的绿色票据评价机制，无法对评价主体、评价对象、评价流程和后续监管进行明确，由此导致各省份之间绿色票据互认不畅，绿色票据流通受限。

第三，缺乏专业的认定机构。由于绿色票据参与主体与交易背景的绿色属性相互独立，交易各环节的绿色属性相互独立，票据所指向的产品和产品用途绿色属性相互独立，因此在认定上具有一定难度，绿色票据的认定具有专业性，需要有资质的专门的第三方机构进行认定以确保认定的统一性与规范性。然而，现阶段我国缺乏专业的绿色票据认定机构，绿色票据认定的统一性和规范性问题难以解决。

缺乏有效的绿色票据流通机制。流通难、流通受限是当前绿色票据发展所面临的另一大难题。目前，票交所系统仅支持对纸票和申请再贴现的票据出票人是否为绿色企业进行登记，对于电票承兑、贴现等环节尚不支持绿色标识，而且票交所尚不具备绿色票据识别功能，而仅仅呈现登记主体自主识别结果，绿色票据的市场接受度将大打折扣，缺乏权威的绿色标识，绿色票据流转难以畅通。除此之外，全国各地绿色票据认定尚无统一的标准，各地区之间绿色票据认定口径不一，绿色主体名单不能通用，给绿色票据流通带来困难，省内无法流通现象屡见不鲜，全国流通难度更大。

缺乏健全的绿色票据顶层设计。票据的全生命周期涉及环节多、参与主体多，哪些票据可认定为绿色票据，对于满足多重绿色认定条件的票据可享受怎样的绿色票据支持力度应视具体情景而定，由此导致绿色票据管理难，需要有顶层设计统一协调。对于企业而言，可享受政策优惠或扶持是其办理绿色票据的重要推动力量之一，由于办理绿色票据过程复杂，需提交证明材料繁多，且现阶段还没有明确的绿色票据政策支持，企业享受不到明显的绿色票据政策优惠，企业绿色票据办理积极性将受到影响。

缺乏完善的绿色票据风控机制。风险是未来损失的不确定性，只要经营票据业务，就必然存在风险。绿色票据作为重要的货币市场工具，一端连接着实体经济，另一端联系着金融市场，是传导货币政策、支持绿色产业发展最为直接有效的途径之一。绿色票据业务具有一定的特殊性，除需关注传统票据业务风险外，还需对"漂绿"等绿色风险予以足够的重视，需有完善的风险防控体系作为支撑，对可能存在的风险做到事前防控和事后化解，如对于在承兑环节认定的"单绿"票据，应充分关注后期票据流向的风险问题。

（二）进一步推广绿色票据的建议

绿色票据是构建绿色金融体系的重要组成部分，发展绿色票据对于推动绿色金融体系建设，支持绿色经济、普惠金融发展，推动企业信用发展、完善商业信用体系建设，提高货币政策传导效率，实施国家发展规划，支持经济高质量发展，实现碳达峰、碳中和具有重要意义。未来，绿色票据发展应在标准制定、系统建设、顶层设计、风险防控等方面实现突破。

制定绿色票据认定标准，明确绿色票据认定责任目标。制定绿色票据认定标准是发展和推广绿色票据的基础。绿色票据认定标准的制定应基于票据全生命周期，结合票据功能特点，综合考虑交易主体和贸易背景两个方面的绿色属性。相关责任主体应加速制定绿色票据认定标准，统一绿色票据认定口径，在可识别、可操作、可计量、可推广原则基础上，充分参照《绿色债券支持项目目录》《绿色产业指导目录》，制定专门的《绿色票据支持项目目录》；加速建立绿色票据评价机制，建立切实有效的绿色票据评价流程，明确绿色票据监管职责；加速培育一批有资质的第三方绿色票据认定机构，对符合评定资质要求的第三方主体颁发准入牌照，建立完善的绿色票据认定体系，以保证绿色票据认定的统一性与规范性。商业银行应构建完善的绿色票据管理体系，对相关主体提交的资料进行严格审核，对主体及贸易背景是否为绿色进行审慎判断。

加速绿色票据系统建设，畅通绿色票据流通渠道。功能完备的系统建设是促进绿色票据流通的重要前提。票交所应完善系统建设，通过端口对接，实现绿色票据的实时标识。绿色票据系统建设应坚持责任导向，明确责任主体，对是不是绿色票据、是什么原因标绿，以及票据标识主体、用途予以充分展示，以便市场主体及监管机构对评价结果进行进一步的监督和追溯。应推动绿色票据信息披露平台建设，加速绿色票据数据库建设，实现全国范围内绿色票据可查询，为绿色票据决策及监管提供数据支持。

完善绿色票据顶层设计，强化绿色票据管理机制。完善的顶层设计是推动绿色票据发展的有力保障。应加强绿色票据顶层设计，完善绿色票据配套的基础设施和制度建设，应明确票据只有在某一具体环节服务绿色项目时，该环节才能依据绿色票据政策办理相关业务，如票据仅在承兑环节用于绿色项目，而在贴现环节未用于绿色项目，则仅能在承兑环节依据绿色票据承兑政策办理，在贴现环节视同于普通票据。对于开票、流转、贴现等环节是否具有绿色属性，可将绿色票据分为"单绿""双绿""三绿"票据等，针对不同属性的绿色票据组合，可予以不同强弱的政策倾斜力度。

建立绿色票据风控体系，加强绿色票据风险防控。强化绿色票据标准设计及评估管理，建立事前防范和事后追询的管理机制，防范制度类风险；加强绿色票据评估机构风险监控，跟踪研究并制定管理及处罚办法，确保评估流程规范、评估结果准确可靠；制定绿色票据考核办法与奖惩机制，定期对各商业银行绿色票据业务开展情况进行检查；建立绿色票据风险防控体系，实现风险事前防控、事中监测、事后化解。

参考文献

[1] 林耿华，王遥，金苗根，等.粤港澳大湾区背景下绿色票据实施路径创新研究[J].南方金融，2020(8):60-70.

[2] 秦书卷，李紫薇.票据业务与产业经济新融合引广泛关注[OL].陆家嘴金融网，2021-04-16[2022-07-06].https://xhpfmapi.zhongguowangshi.com/vh512/share/9910576?channel=weixin.

[3] 王瑶，施懿宸，秦书卷，等.推进我国绿色票据发展的关键问题研究[M]//中国票据研究中心.中国票据市场研究2020年第2辑.北京：中国金融出版社，2020.

金融科技在用票企业画像的实践

王鹏程　王海洋[①]

[摘　要]　以大数据和机器学习等为代表的金融科技,为票据业务从电子化向智能化的演进奠定了坚实的基础,通过智能化风控助力票据市场规范发展,通过智能化管理助力票据市场改革创新。在实践中,我们融合多源大数据,运用自然语言处理与自动化因子挖掘技术,建设了用票企业智能画像系统,它可以有效地赋能风控、获客、定价等多维度场景。基于智能画像的能力,我们创新地使用了票据供应链传播算法,对票据中介企业和潜在用票企业进行识别,再通过机器学习技术建设智能化风控模型,为业务提效并降低风险。实验表明,中介识别实验组浓度相对于对照组提升400%以上,潜在用票企业的触达能力提升了10倍;智能风控模型具有明显的分层效果,评分排名后25%企业的不良企业浓度是全样本的3.36倍。本文结合智能化演进的实践,对票据市场金融科技新生态的建设提出了合作方案建议。

[关键词]　智能画像　大数据　机器学习　票据中介识别　智能风控

---

① 王鹏程、王海洋,供职于浙江网商银行。

一、引言

金融是实体经济的血脉。作为与实体经济联系最密切的金融子市场，票据市场在服务实体经济，解决中小微企业融资难、融资贵方面发挥着越来越重要的作用。上海票据交易所（以下简称票交所）的成立使票据市场从区域分割、信息不透明、以纸质票据和线下操作为主的传统市场，向全国统一、安全高效、电子化的现代市场转型，重构了票据市场的生态环境（孔燕，2021）。此外，大数据、机器学习等金融科技的兴起，可以有效提高金融服务实体的效率，且已在多个领域取得了丰硕成果（胡鹏飞，2018）。因此，这正是一个票据市场向智能化方向演进的历史时点，高效合理地运用金融科技助力票据市场规范发展与改革创新，进一步提升中小微企业的融资能力，对发挥票据服务实体经济功能具有重要意义（宋汉光，2019）。

服务好中小微企业需要对其进行更深入的了解，因此建设用票企业的智能画像——动态的企业级画像系统，是必备的基础能力。它可以有效地帮助机构在风控、获客、定价等多维度场景应用，大幅提升金融机构服务中小微企业的效率。在实践中，我们融合了多源大数据，构建用票企业的智能画像，实现深层次、多维度的特征挖掘。

基于用票企业智能画像的能力，我们创新使用了票据供应链传播算法，结合企业供应链特征识别票据中介并挖掘潜在用票企业，较传统方法大幅提高了中介识别的精度和广度。此外，我们基于企业智能画像，结合企业特征及企业黑白名单标签，通过有监督的机器学习技术建设智能化、动态化的企业评分模型，取得了明显分层效果。

综上所述，一方面，企业智能画像可以赋能智能化风控能力建设，用于企业准入和贴现时的风险识别，降低票据业务经营风险，简化业务办理流程；另一方面，智能画像可以提高金融机构识别和触达中小微企业的能力，缓解银企之间的信息不对称，降低企业融资成本。最终形成"智能化风控—智能化获客—智能化服务"的智能化管理体系,进一步推动票据市场改革创新,增强票据服务实体经济的能力。

二、智能画像——动态的企业级画像系统

近年来,用户画像逐渐成为学术界和工业界关注的热点问题,越来越多的研究致力于通过用户画像快速精准洞察用户,为提升用户体验奠定了基础(Quintana等,2017)。用户画像这一概念最早由交互设计之父A. Cooper提出,他将用户画像(Persona)定义为"真实用户的虚拟代表,是建立在一系列属性数据之上的目标用户模型"。早期的用户画像构建主要通过问卷调查的方式去了解用户,收集他们的基本信息和观点,之后从每个类型抽取典型特征,形成用户画像。

大数据时代用户画像的核心是对用户的海量数据深入挖掘,构建用户的标签化模型。业界已有一些面向个体的用户画像(徐芳等,2020),通常是根据用户自身的社会属性、生活习惯和消费行为等信息得到的标签化数据模型。然而在票据领域,我们主要面向的群体是企业而非个体,二者的重点和导向有很大的不同,前者更偏重营销触达,而后者更偏重风险控制与专业化服务。对于个体而言产品的价值相对容易体现,个体用户多偏冲动,洞察用户心理、增加曝光、触达更多的用户往往会取得不错的效果。企业则偏理性,服务好企业需要更强的专业知识,切实地满足企业的需求,因此构建企业画像需要全面了解企业的基本情况、经营状况、财务状况、融资状况等信息,要坚持客户价值并将价值做到极致才可以对其基本情况深入了解,对企业客户给出客观的评价,进而对不良企业进行风险管理,对优质企业精准触达。近些年的相关研究中,总体而言面向个体的用户画像研究较多,而面向企业(尤其是用票企业)的用户画像研究很少,因此对用票企业画像的建设是一项重要且应加速推进的工作。

我们希望构建适用于票据市场的企业智能画像，对企业进行实时、全面、深入的刻画与洞察，帮助金融机构在风控、获客、定价等多场景建设智能化系统，大幅提升服务中小微企业的效率。智能化的用票企业画像包括以下能力：

1. 多源数据实时采集能力。为了更全面、及时地了解企业的最新情况，企业智能画像应具备实时获取多维度信息的能力。我们采用"动静结合"的构建方式，将企业的工商基本信息等静态属性，与企业的供应链信息等动态属性相融合，形成适用于票据市场的企业智能画像。

2. 深层次信息挖掘能力。用票企业多为中小微企业，公开数据较少，用票行为数据维度单一，但具有一定的行业与地域集中性，因此需要做好更深入的数据探索工作，对不全不准的信息补充，对额外的增量信息结合多源数据挖掘。首先，企业主营行业是一项极为重要的信息，但工商基本信息中的经营范围往往过大，我们通过自然语言处理（NLP）中的文本分类技术（Li等，2019）及其他相关模型，对企业主营行业精准识别。此外，用票企业之间具有很紧密的供应链关系，但票据背书链路的信息很难全面反映，我们通过图谱挖掘技术对企业的关联关系识别，包括行业上下游关系、借贷关系、股权控制关系等。

3. 复杂信息筛选能力。我们积累了企业基本信息、用票行为信息、异动经营信息、企业关系图谱等多方面企业特征，但在A业务场景重要的信息，对于B业务场景而言可能是需过滤的噪音。针对这一问题，我们通过最大互信息系数法、递归特征消除法、基于机器学习模型的特征排序法等自动化特征筛选技术（Solorio-Fernández等，2019），针对特定的业务场景选出有效信息，过滤噪声，将企业画像中最有价值的信息输入给该场景的模型，发挥其最大效果。

三、票据供应链传播算法

票据中介给票据市场的规范稳定运行带来了不利的影响，很多重大风险事件均与票据中介有关（姜弘毅，2016）。非法的票据中介通常控制多家公司在不同银行开设的账户，利用信息与资源的优势赚取中小微企业和银行之间的价差，谋取高额利润，增加了中小微企业的融资成本。因此，精准识别票据中介是一个具有挑战但意义重大的研究课题，票据供应链传播算法除了可以提高合规与风险管控能力，还有助于识别和触达因信息闭塞、融资渠道狭窄无法在商业银行办理贴现的潜在用票中小微企业。

（一）票据供应链传播算法设计

基于企业智能画像的底层数据与能力，以及企业供应链的分析，我们系统化地对票据中介企业与实体企业的特点及其在供应链中的传播规律进行总结。企业自身特征方面，我们主要关注企业的股东背景、经营信息、知识产权、品牌信息等。为进一步精准发现更多的中介与实体企业，我们将重点放在票据供应链的挖掘，包括票据背书链路的信息，以及通过图谱挖掘模型找到的企业关联关系。

我们根据企业自身的特征，结合专家经验，给出初始的少量中介企业，同时将具有一定特征的上市公司、上市公司子公司、出票人和收款人设置为初始的实体企业。进一步地，我们设计了票据供应链传播算法（Chain Prop Algo），一种基于企业票据链路结构传播的迭代算法，在种子中介和实体企业的基础上抓取更多的票据中介，同时挖掘更多的实体企业。算法的整体流程如图1所示，

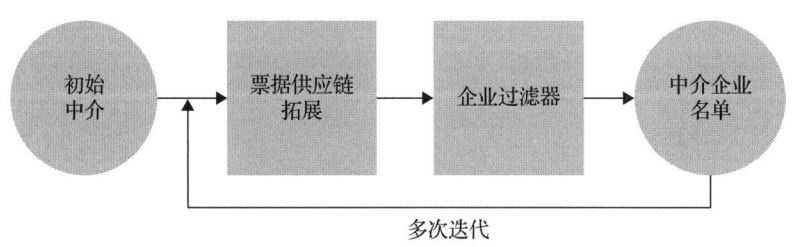

图1　票据供应链传播算法架构设计

主要思想是结合票据供应链的拓扑结构以及中介企业的票据背书传播特征来挖掘新的票据中介及实体企业。此外我们增加了企业过滤器模块，将可能误识别的中介企业与实体企业剔除，以增强算法质量。

票据供应链传播算法的技术细节如算法1所示。总共有三项输入，包括基于企业自身特征与专家经验得到的初始中介企业（Init Agency）、初始实体企业（Init Entity），以及票据供应链网络信息（Chain Network Info）。模型通过多次迭代不断衍生扩充，在每次迭代中，首先通过票据供应链的上下游企业拓扑关系，基于初始的中介企业与实体企业，传播衍生出更多的新增中介企业（A_{incre}）与新增实体企业（E_{incre}），同时通过企业过滤器将可能误识别的中介企业与实体企业剔除，之后将过滤后的新增中介及实体企业，与上轮迭代的中介及实体企业取并集融合生成新的集合，开启新一轮的迭代。算法迭代的终止条件为：当新的一轮迭代中新增企业的数量小于一定数值（Minincrement），或者累计的中介企业数大于一定数值（Upper Bounder），或迭代次数达到上限（Max Iteration）时终止迭代，并将最终算法识别出的中介企业和实体企业名单输出。算法中包括两个核心模块：

1. 票据背书链传播模块（Chain Propagation）。背书链路拓展是一个"加法"模块。希望基于票据背书供应链网络的特点进行中介与实体企业拓展，并评估在每一轮迭代中的规则命中比例，若达到一定阈值，则将符合条件的企业加入对应的备选名单中。

2. 企业过滤器模块（Company Filter）。企业过滤器是一个"减法"模块，通过企业的特点与供应链的分析将可能误识别的中介或实体企业剔除，以提升模型的精确度。

算法1：票据供应链传播算法 *ChainPropAlgo（$Init_A$, $Init_E$, c）*

Input: $Init_A$–InitAgency; $Init_E$–InitEntity; c–ChainNeworktInfo;

Parameters ($para_m$–MaxIteration, $para_u$–UpperBounder, $para_n$–Minincrement)

Output: A–AgencySet; E–EntitySet

1: $(A, E) \leftarrow (Init_A, Init_E)$

2: $SupplyChianGraph(s) \leftarrow ChainGraphGenerate(c)$

3: $TransferStat(t) \leftarrow ChainTransferCalculate(c)$

4: for $i = 0 \rightarrow para_m$ do

5: $(A_{incre}, E_{incre}) \leftarrow ChainPropagation(A, E, s, t)$

6: $(A_{incre}, E_{incre}) \leftarrow CompanyFilter(A_{incre}, E_{incre}, s, t)$

7: $(A, E) \leftarrow (A \cup A_{incre}, E \cup E_{incre})$

8: if $|A| > para_u$ or $|A_{incre}| < para_n$ do

9: break

10: end if

11: end for

12: return (A, E)

（二）算法实验与效果

我们使用票据供应链传播算法在真实数据上实验进行中介识别，总共衍生出了10000家以上的中介企业。从中随机抽样部分企业，专家评估其中的中介浓度（精确度）在80%以上，相对于对照组提升400%以上，在真实的300家中介企业名单中，算法捕捉到了212家（召回率70.7%）；对挖掘出的实体企业，结合供应链特征的分析得到了一批潜在用票企业进行精准触达，效果相对于对照组提升了10倍。可见，票据供应链传播算法较传统方法大幅提高了中介识别的精度和广度，不仅在中介识别上取得了很好的效果，也大幅提升了对中小微企业的触达能力。图2展示了算法每次迭代中新增的企业数与该一轮迭代结束后总共的中介企业数，可见算法在前几轮迭代新增的中介较多，后面逐渐减少，在迭代10次左右逐渐收敛，最终在迭代17次左右结束。

我们对算法识别出的中介企业名单进行了进一步的分析，总结出中介企业的一些特点。第一，中介企业通常从多家企业收票，并将票据贴现给金融机

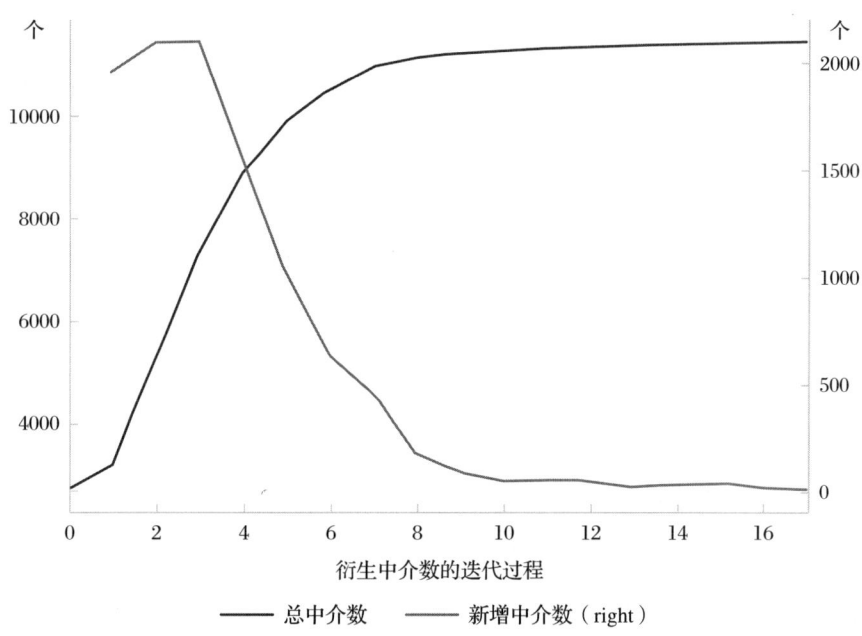

图2 供应链传播算法的每轮迭代的新增中介数

（数据来源：实验结果数据）

构赚取价差利润，因此往往位于票据链路的尾部；第二，有相似名称、注册地址相同或相近、管理人员交叉任职的中介企业出现；第三，中介所属行业"科技""农业""商贸"居多，另外其供应链上下游公司行业分散，与中介自身所属行业无明显关联逻辑。

四、基于机器学习评分模型的智能化风控

智能化风控模型全方位地对所有企业的风险进行评价并生成评分，分数表征了企业优质或不良的概率。

金融机构通常需要高频次地处理中小微企业的票据贴现，巨大的业务量增加了商业银行对中小微企业资信审核等相关工作，最终商业银行的风控成本转化为中小微企业的融资成本（李雪玉，2019）。智能化的风控模型不仅可以

有效地提高银行业务办理效率，也可以降低审核过程中的合规风险。优质企业与不良企业通常具有较为显著的差异，如果对其特点和差异总结形成规律，就可以对企业的特征判断其"优质"与"不良"的倾向，进而评价其风险。机器学习中的有监督学习（Supervised Learning）正是通过已知的样本去训练一个最优模型，再根据该模型将新样本映射为相应的输出，进而达到评判样本的目的（Aziz等，2019）。因此，将机器学习模型有效地用于用票企业的评价中，不仅可以提升效率，也可以系统、全面、量化地对企业画像评估。

在实践中，我们使用基于Logistics回归的评分卡模型对用票企业进行智能化风控，它是一种经典的有监督机器学习模型，已在多个金融场景广泛应用，如银行信用卡业务、城投债信用风险评估。在实际业务中我们希望通过企业智能画像信息对某一家企业为优质企业的概率预测，而Logistics回归函数可以提供模型支持，函数表达式为$\sigma(z) = 1/(1+e^{-z})$，其中$z = \theta_0 + \sum_{i=1}^{n} \theta_i x_i$，$\sigma(z)$称为sigmoid函数，图像如图3所示，自变量取值范围是$(-\infty, +\infty)$，因变量的取值范围是（0，1）。可见，Logistics回归模型将多元线性回归通过sigmoid函

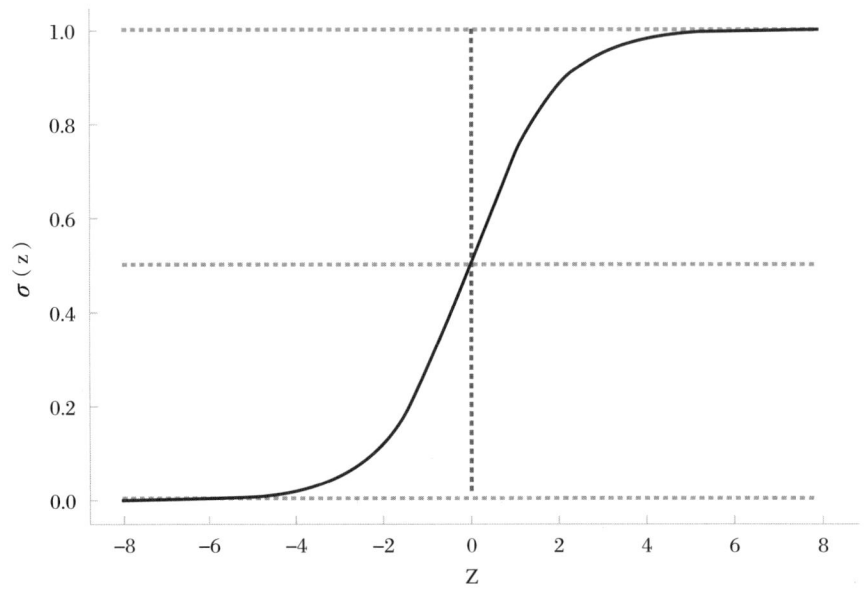

图3 sigmoid函数图像

数,将企业为优质企业的程度转换为概率。例如,我们选择了n个特征来评价企业的风险,即$X = (x_1, x_2, \cdots, x_n)$,若希望评价某企业$X^{(k)}$作为优质企业的概率,只需要将企业画像信息代入公式$\sigma(z)$即可以得到(0,1)之间的数值$1/(1+e^{-(\theta_0+\sum_{i=1}^{n}\theta_i x_i^{(k)})})$,即$\sigma(z)$的值越大企业资质越好,以此对企业的风控管理提供直观的依据。

有监督学习在模型训练的过程中,需要输入样本的标签(Label)。在我们的场景中优质企业与不良企业的标签很难有一个明确的定义,因此在智能风控模型的构建中,我们主要采用"H+A"的研究模式,即专家经验(Human)与机器学习(AI)相结合的研究方法,它们之间的特点如表1所示。首先,基于业务专家的领域知识构建出强规则,选出一部分最有可能是不良企业与优质企业的列表,形成"优质"与"不良"的标签。其次,基于企业智能画像的信息和能力,对每一个相关特征进行自动化特征筛选,分别从多个企业信息维度进行检验(包括专利、地块、品牌、担保记录、用票行为等),观察特征显著性程度,将表现显著的特征沉淀,输入有监督学习模型训练。机器学习模型基于训练集特征与标签,根据企业的特征学习各自的规律特点并总结,不断经优化后已具备了评价企业资质与风险的能力,给定一个企业即可根据其特征画像对其评分。

表1 智能化风控模型的研究方法(H+A)

特点	专家经验(Human)	机器学习(AI)
准确度	高	较高
覆盖度	较小	全
效率	低	高
应用	模型打标	智能风控

在实践中,我们将筛选后的企业特征结合专家给出的标签,构建样本集合评估风控模型的效果,采用70%的数据集作为训练集,30%的数据集作为测试

集进行实验。使用训练好的模型对测试集的企业进行评分，按照评分由低到高的顺序排序，并对每一个分组中的不良企业浓度进行统计，其中浓度指该组中的不良企业数与该组总企业数的比值。实验的结果如表2所示，全样本的不良企业浓度为7.76%，TOP组2的企业评分处于全样本最低的25%分位数中，其不良企业浓度是26.1%，是全样本不良浓度的3.36倍。可见，评分越低的企业，不良浓度越高，风控模型具有很明显的分层效果，能够将优质企业和不良企业显著地区分。我们对测试集中，评分最高的1000家企业和评分最低的1000家企业作了进一步的分析，发现分数高的企业多数为大企业或上市公司及其子公司，同时多具有专利、软件著作权等，而评分低的企业基本与上市公司无控股关系，很少有专利、软件著作权等，而且会出现"一址多企"等情况。此外，我们还将中介识别算法与智能风控模型进行了交叉验证，发现供应链传播算法识别出的中介企业名单中，在风控模型排名的均值处在分数最低的11.8%，中位数处在评分最低的4.6%，可见中介企业与风控模型认为的不良企业具有较高的重合度。最后，可以根据机器学习得出的风控模型制定风控策略，对于优质的企业适当简化业务办理流程，对不良企业直接限制其准入，对疑似不良企业在准入时要求其自证。

表2 智能化风控模型的分层效果

组别	企业占比	该样本组不良企业浓度	对比全样本不良企业浓度提升倍数
Top组1	8.1%	75.9%	9.78
Top组2	24.2%	26.1%	3.36
Top组3	40.4%	17.4%	2.24
Top组4	56.6%	13.2%	1.7
Top组5	72.7%	10.6%	1.37
全样本	100%	7.76%	1.0

数据来源：实验结果数据。

五、关于共创票据金融科技运用生态的建议

2021年全市场用票企业数量为318.89万家，其中中小微企业占比达到98.7%，中小微企业用票金额占比为72.19%[①]。金融科技是提高银行触达和服务小微企业能力的最为重要的抓手。本文以实践的方式，将金融科技在用票企业画像上的运用过程及成果进行展示，通过智能画像实时动态地识别业务风险，高效触达和服务有真实融资需求的中小微企业。票据市场是全国统一、安全高效、电子化的现代化市场，为金融科技的开放普及与融合发展提供了良好的环境，我们需要从基础设施建设、技术交流合作、新场景的创新与开拓等方面，共同创造票据金融科技创新发展与开放运用的新生态。

（一）促进金融科技的技术交流与合作

目前，国内大型金融机构在金融科技上都有巨大的投入，而中小金融机构在金融科技能力建设方面非常薄弱，风险防控模式、业务运营模式、合规审查能力均较为落后，导致中小银行在票据直贴中的参与度极低，主要是依靠转贴现买入补充持票规模。建议加强大型金融机构对中小银行在金融科技上的交流和合作，双方在合法合规的前提下，在票据贸易背景审查、贴现企业准入、中小微企业票据融资服务方面展开多维度的合作。大型金融机构可以探索技术输出的模式，通过API交互、云计算、智能画像、机器学习等技术，提高中小银行在票据服务上的软硬件能力，盘活中小银行闲置的信贷资源，简化业务流程，控制业务风险，使其可以合规、高效地给中小微企业提供票据服务。同时大型金融机构之间也应该增加交流与合作，通过交流互鉴，共享数字化转型成果，挖掘金融科技合作契机。形成"以大帮小，强强联合"的合作模式，构建无界融合、优势互补、开放共赢的票据金融科技新生态。

---

① 相关数据摘自上海票据交易所网站《2021年票据市场发展回顾》。

（二）隐私计算构建机构间联合建模

随着各个金融机构之间的合作越发密切，将不可避免地涉及数据安全的问题。各大金融机构的数据是最重要的基础资源，因此对于数据有着严格的使用限制，需要在保证数据安全的前提下，实现有效合作。隐私计算是解决该问题的有效方法，主流技术包括联邦学习（Yang等，2019）——一种分布式机器学习框架，旨在在保证数据隐私安全及合法合规的基础上，实现共同建模，提升AI模型的效果。多方安全计算（MPC）与可信执行环境（TEE）也是重要的技术方案，其中MPC主要基于密码学技术来保证中间信息安全，是特定用途限制下的计算平台，能满足大部分计算诉求，但精度有一定损失；而TEE是基于加密硬件，可保证计算环境安全，保证精度、计算性能更强。各金融机构在合作过程中可以结合自身特点与合作机构的需求，兼顾安全性、效率与成本选择最合适的隐私计算方案，优势互补，共同帮助中小微企业解决融资难、融资贵问题。

参考文献

[1] 汤莹玮.信用制度变迁下的票据市场功能演进与中小企业融资模式选择[J].金融研究，2018(5):10.

[2] 徐芳，应洁茹.国内外用户画像研究综述[J].图书馆学研究，2020(12):7-16.

[3] 李雪玉.新常态下票据业务发展与中小企业融资——以上海为例[J].金融理论与实践，2019(4):42-49.

[4] 姜弘毅.票据中介的典型运作模式、潜在风险及治理建议[J].中国商论，2016(13):3.

[5] 胡鹏飞.金融科技在互联网金融行业性风险防范领域的应用[J].大数据，2018，4(1):117-123.

[6] 宋汉光.以规范创新引领票据市场高质量发展[J].中国银行业，

2019(5):19-22.

[7] 孔燕. 漫谈"十四五"时期票据市场之发展——从新中国成立以来的四次票据变革说起[J]. 中国票据研究中心, 2021(4):1-13.

[8] Saqib A, Dowling M. Machine learning and AI for risk management[J]. Disrupting finance, 2019:33-50.

[9] Li W, Gao S, Zhou H, et al.. The Automatic Text Classification Method Based on BERT and Feature Union[C]. 2019 IEEE 25th International Conference on Parallel and Distributed Systems (ICPADS), 2019.

[10] Quintana R M, Haley S R, Levick A, et al.. The Persona Party: Using Personas to Design for Learning at Scale[C]. Chi Conference Extended, 2017.

[11] Solorio-Fernández S, Carrasco-Ochoa J A, Martínez-Trinidad J F. A Review of Unsupervised Feature Selection Methods[J]. Artificial Intelligence Review, 2019(53):907-948.

[12] Yang Q, Liu Y, Chen T, et al.. Federated Machine Learning: Concept and Applications[J]. ACM Transactions on Intelligent Systems and Technology, 2019, 10(2):1-19.

票据市场违约处置机制浅析

谢晶磊　周雨薇[①]

[摘　要]　随着我国票据市场的不断发展,票据违约风险日益凸显。在此背景下,建设合理的违约处置机制成为市场高度关注的焦点。金融市场现存的违约处置机制可根据交易流程分为:交易达成前,通过信息披露和信用评级及设定主协议文本规范;交易过程中,通过定期信息披露或跟踪信用评级及设立交叉违约条款约束;交易违约后,通过处罚、问责和创设市场化机制处置违约。票交所时代,《票据交易管理办法》《票据交易主协议》,以及中国票据交易系统相关业务规则和商票信息披露制度在很大程度上解决了传统票据市场违约规范不足、无法对违约方进行处置的问题;然而,在回购交易、到期兑付和违约承兑人的监测及处置上依然存在堵点。因此,本文提出如下建议:一是在回购交易违约后明确对担保物的处置是为了清偿回购债务,同时建议票交所提供回购违约票据处置功能,如建设违约票据拍卖市场;二是明确到期兑付流程付款应答期限、提示付款自动拒付的标准和电票拒绝付款证明的形式;三是加强对违约承兑人的监测,适当限制连续违约的承兑人签发票据,并制定企业同一性判断标准,对同一性的企业采取相同的纪律措施。

[关键词]　违约处置　商业汇票　风险

[①] 谢晶磊,供职于上海票据交易所;周雨薇,复旦大学研究生。本文系作者个人观点,与所在机构无关。

随着我国票据市场的不断发展，票据违约风险日益凸显。在此背景下，建设合理的违约处置机制成为市场高度关注的焦点。市场违约机制的建设需要同时考虑对交易守约方的保护和对预期交易成本的控制——过于松散的违约机制会导致交易一方选择性违约，损害守约方利益；不明确或过于严格的违约机制会提高融资成本，影响交易意愿。因此，建设完善合理的票据市场违约机制能够促进交易，提高违约处理的效率；同时保护守约方利益，增强金融对实体经济的支持。

一、金融市场违约机制简介

金融市场按交易模式可分为发行业务、转让业务、回购业务、远期业务等。在交易模式中又都存在询价、成交、清算、结算等业务流程。在每一步的业务流程中，都可能存在违约方。经笔者梳理，根据交易是否达成和交易是否触发违约可将违约机制规范分为交易达成前、交易过程中和交易违约后。

（一）交易达成前规范

交易达成前是指交易双方的交易准备阶段。在交易达成前对违约行为加强监管力量、提高预警灵敏性，能够在一定程度上遏制违约增量，同时节省违约处置的司法成本。目前在各交易所中，交易达成前的违约规范主要从两个方面入手：一方面，打破信息不对称的困局，让交易双方充分了解对方的信用情况后再作交易决策，提高市场效率；另一方面，组织签订合理、周全的协议或合同，明确约定交易行为，确保交易双方的利益受到法律层面的保护。

1.交易达成前信息披露或信用评级。对于公开发行的证券或债务凭证，为平衡投资人与发行人之间的利益，一般要求发行人在发行前进行信息披露或信用评级。例如，《资产支持证券信息披露规则》（中国人民银行公告〔2005〕第7号）规定资产支持证券（ABS）受托机构在ABS发行前须向投资者披露发行说明书和评级报告,并向监管部门提交两家资信评级机构的评级报告。此外,沪、深交易所还额外要求企业应收账款ABS详细披露原始权益人失信记录、同类型业务的历史回款情况(包括但不限于历史坏账情况、逾期率、违约率等)等18项企业情况。

公示违约情况或信用评级对债务融资的利率有着直接影响,从而倒逼发行金融产品的企业规范商业行为,以市场的方式约束和处置违约方。但考虑到评级机构目前存在市场公信力低的问题,信息披露和信用评级的有效性仍然依赖信用体系建设,无效的信用披露和信用评级只会增加双方的交易成本,很难真正规范融资方的违约行为。

2. 设定主协议对交易行为进行框架性约定。为了规范合同的签订过程,减少经济合同纠纷,大部分金融基础设施通过合同示范文本(主协议文本)方式提前确定交易要素,方便交易方之间合法合规地签订合同,也方便管理部门全面管理。主协议文本对违约行为的处置会对交易产品产生重大影响,因此,合理适当的违约处置机制能保障金融产品的交易,反之则会影响交易双方的交易意愿。以银行间市场和交易所开展的买断式回购为例,在银行间市场,交易双方对于买断式回购到期的违约担保金可以通过协商确定;而上海证券交易所规定国债买断式回购交易必须缴纳履约保证金,在买断式回购到期并完成清算交收前,双方不得动用[1]。履约保证金的规定虽然保护了守约方,但是在回购期间,由于双方不得动用履约保证金,变相推高了买断式回购的交易成本,影响融资双方的交易意愿。银行间买断式回购成交金额自2004年的1273.55亿元上涨至2007年的7263.13亿元,增幅将近5倍[2]。2016年成交金额322783.53亿元,相比2007年又增长了将近44倍。而上海证券交易所在推出买断式回购业务后共成交了3笔,总成交金额2100万元。自2006年起,上海证券交易所内就没有新的

---

[1] 见《全国银行间债券市场债券买断式回购业务管理规定》第十三条和《上海证券交易所国债买断式回购交易实施细则》第十一条。
[2] 赵志永,银行间买断式回购展望[J].现代经济,2008,7(7):64.

买断式回购业务发生。

设定主协议文本可以规范交易行为，让交易双方在法律层面上保持平等，也避免了法律信息不对称的情况。不过主协议文本应注意违约制度的适当性，避免过度的违约责任影响市场活跃性。

（二）交易过程中规范

交易过程一般指交易产品的存续期间。尤其是对于期限较长的产品，仅在交易初期进行风险防控是远远不够的。因此，在交易过程中的规范既能保证交易资金物尽其用，也能在突发经营风险的情况下，更好地保护守约方。交易过程中的规范可以分为两个部分：一是在产品存续期间定期报告反映当期的资产状况和评级信息；二是在经营状况急剧恶化的情况下，有制度支持产品提前到期。

1. 定期信息披露或跟踪信用评级。存续期在一年以上的公开发行证券或债务凭证，往往每年都要发布经审计的受托机构报告和上年度的跟踪评级报告。评级的下降代表偿债能力变弱、违约可能性变高，将使融资方面对更严格的融资条件，从而约束公司治理水平和违约发生。

交易过程中的信息披露有利于提高市场的透明度、确保资金用在该用的地方，提升公司治理水平、强化对相关责任主体的市场化约束，保障投资者的合法权益。

2. 设立交叉违约条款。交叉违约指如果本合同项下的债务人在其他贷款合同项下出现违约，则也视为对本合同的违约。银行间市场交易商协会于2016年推出的《投资人保护条款范例》对于交叉违约条款给出了范例。此后，众多公司债券和银行间债务融资工具纷纷添加了交叉违约条款。

交叉违约条款能够适应多种经济和社会因素的变动，有利于保护债权人的利益、提高市场效率。对于交叉违约是否属于预期违约制度中的默示违约的情形，司法实践中还存在不明确的空间。譬如，对于上海市浦东新区人民法院，发行人在其他债券项下的违约事实不能认定为"默示违约"的情形 [（2015）

浦民六（商）初字第4310号]。因此，交叉违约条款若要保障生效，需明确记载于合同条款或法律规定中。

（三）交易违约后进行规范

当交易产品到期后，一方拒绝履行到期债务即构成交易违约。违约发生后的处置规范一方面能够形成交易方对违约行为的预期损失，从而约束违约行为；另一方面也用于遏阻违约风险蔓延，最大限度地减少违约带来的负面影响，对违约存量起风险出清的作用。因此，交易后的违约规范既需要衡量对于违约方的处罚力度，又需要考虑风险产品的处置。

1. 对违约机构进行处罚。对于机构违约行为，部分金融市场基础设施会根据违约的严重程度进行处罚，最高规格到暂停业务。监管机构的处罚不仅会提高企业在该金融市场的融资成本，也会对企业的声誉和信誉带来严重打击。

《银行间债券市场债券交易自律规则》规定，市场参与者任何一方不应在达成交易后单方面更改或者撤销交易约定。根据违规情节，交易商协会可以给予谈话、通报批评、警告、公开谴责等自律处分，并处暂停相关业务或认定不适当人选；《全国银行间同业拆借中心回购违约处置实施细则（试行）》提到，若买方不按成交单约定履行合同，交易中心将视情节轻重予以警告、通报、约谈和服务禁止等处理，并视情节严重程度向人民银行报告。

对机构违约进行处罚能够有效遏制机构的违约意愿——暂停发行带来的巨大损失会倒逼机构规范风险控制行为，避免过度信贷等行为；不过，风险偏好过度收紧也会给融资带来新的风险。

2. 问责机构主要负责人。问责制能够使监管更加"强硬"，让交易背后的领导人员负担高度的责任意识和危机意识，避免风险决策行为。例如，地方政府债券在发行过程中，因项目违约造成严重经济损失的项目负责人将承担法律责任和经济责任，并记录在个人征信体系或政府绩效评价体系中；对于可能存在恶意逃避清偿责任等行为，公司信用债市场不仅将限制其市场融资，对于该债项的发行人、实控人和负有主要责任的高管，有关部门将其逃废债的信息纳入征信系统及全国信用信息共享平台。

当交易不再局限于公司之间的交往，而是由背后的自然人以自己的利益和信用作为担保，势必会让管理者对于违约行为更加审慎，规范自己的交易行为。不过"造成严重损失"或者"恶意逃避"还有很大的解释空间，可能存在"法律真空"让不法分子有机可乘。

3. 创设违约金融产品处置机制。目前大部分违约产品往往由某机构兜底，只能做到延缓、转移或者积聚风险，容易导致系统性风险。随着金融产品种类和数量的不断上升，完善违约产品的市场化处置机制、提高违约产品流动性成为健全金融市场交易机制的重要环节。我国债券市场对于违约产品的处置有一些创新性的尝试。譬如，同业拆借中心基于现券匿名撮合系统，在银行间债券市场推出债券匿名拍卖业务，帮助改善银行间违约债和非违约瑕疵债的流动性问题（《全国银行间同业拆借中心债券匿名拍卖实施细则》）；信用债市场支持各类债券市场参与主体通过合格交易平台参与违约债券转让活动，并由债券登记托管机构进行结算等。

通过市场化方式处置违约金融产品能够释放和分散风险。然而，目前违约产品的市场化实践较少，机构对于高风险金融产品的偏好有待进一步研究。

二、票据市场违约处置机制

票据市场违约行为分为票据违约和票据交易违约。票据违约是指承兑人无法兑付到期债务，票据交易违约是指交易一方不履行交易合同。因此，票据市场违约处置机制可以概括为对票据承兑人和票据交易方违约行为的处置机制。

（一）票据交易违约处置

1. 票交所成立前票据交易违约处置机制。1997年，人民银行发布《商业汇票承兑、贴现与再贴现管理暂行办法》（银发〔1997〕216号）规定："本办法所称转贴现系指金融机构为了取得资金，将未到期的已贴现商业汇票再以贴现方式向另一金融机构转让的票据行为，是金融机构融通资金的一种方式。"最初的纸质票据转贴现业务由金融机构之间互相协商后开展，市场未形成明确的违约处置机制。随着金融机构持有票据资产增多，部分金融机构开始开展纸质票据回购业务。

在纸票交易时代，交易合同一般由卖出方或正回购方准备并用印，在交付票据的同时将合同交付买入方或逆回购方签署。因此，交易的达成先于合同的签署，对于交易双方存在一定的合规风险。2009年电子商业汇票系统投入运营，电票的使用提升了票据交易中资产转移的效率，卖出方或逆回购方不需要再向买入方或正回购方实际交付票据了，合同签订的时间反而被延长，经常会出现双方实际回购已经到期结清，但合同仍未完成签署的情况。在这一时期，合同中违约处置效力对交易双方的约束较弱，交易双方之间只能依靠声誉来维持交易关系。即使在交易中出现延期付款，买方临时无法交付票据等情况，守约方也很难适用合同中的违约条款来约束对方。因此，这一时期票据市场违约处置机制出现萌芽，如半背书的担保方式、万分之五的罚息等。

2. 票交所时代票据交易违约处罚机制。2016年，人民银行发布《票据交易管理办法》（中国人民银行公告〔2016〕第29号）规定："票据交易包括转贴现、质押式回购和买断式回购等。"同年票交所成立，同步上线了中国票据交易系统，支持会员单位通过线上完成票据交易。加入票交所的会员单位需事先签订《票据交易主协议》（以下简称《主协议》），《主协议》加中国票据交易系统中达成的成交单和双方的补充协议构成完整的交易协议。故《票据交易管理办法》《票据交易主协议》及中国票据交易系统相关业务规则构建了票交所时代的票据交易违约处置机制。相比票交所成立前票据交易违约处罚机制，票交所时代具有以下几方面特点：

一是合同签署于票据交易之前。合同是对交易双方权利义务保障的基础。

传统票据市场为追求交易效率，书面合同的签署一般都在票据资产交易之后。当交易一方违约时，守约方的利益无法获得全面的保护。票交所时代，《主协议》在交易双方成为票交所会员前已完成签署，成交单的达成是票据资产清算的前提，因此所有的票据交易都有对应的合同。一旦在票据交易中有一方违约，另一方就可以依据合同要求违约方承担责任。

二是通过《主协议》明确票据交易违约行为和处置机制。《主协议》是对传统票据交易的归纳和创新。《主协议》规定的票据交易类型包括了转贴现、质押式回购和买断式回购。目前，票据市场只允许基于托管票据开展交易。因此在转贴现和回购交易中，只存在资金清算方违约的情况。按照《主协议》规定，违约方需向守约方每日支付交易金额万分之五的罚息。在质押式回购和买断式回购中，回购到期正回购违约的，逆回购方还可以对质押或买断的资产进行处置，如质押式回购逆回购方有权向承兑人提示付款，并收取票据款项；买断式回购逆回购方有权自行处置该回购票据。

三是明确争议管辖法院。一般合同纠纷，双方未约定管辖法院或约定的管辖法院无效的，由被告所在地或合同履行地法院管辖。票据交易属于金融市场交易，且一般票据交易涉案金额大，案情复杂，适用被告所在地法院管辖可能存在全国判决结果不一致，或地方保护主义的情况。《主协议》规定交易双方若不进行协商或协商未果，应将争议、索赔或纠纷提交票交所所在地有管辖权的人民法院解决。票交所所在地为上海，目前我国大部分金融市场基础设施都落户上海，上海还设有专门解决金融案件的金融法院。《主协议》对争议管辖法院的明确有利于更好地解决票据纠纷，保护票据市场参与者的利益。

四是完善系统业务流程，保护交易双方利益。中国票据交易系统是专门为票据交易打造的系统。在中国票据交易系统的设计中充分考虑了交易流程中可能出现的违约风险，并通过系统的业务流程改造来保护交易双方利益。如在交易报价阶段，系统不允许发送报价的一方撤回报价，这种做法可以保护接受报价一方的信赖利益，避免报价发送方随意收回报价给守约方造成损失。又比如在交易结算阶段，系统不仅支持票款兑付（DVP）清算，而且直连大额实时支付系统，避免买入方因资金清算失败导致违约。

（二）票据承兑人违约处置

承兑人违约是指承兑人到期不兑付票据债务的行为。票交所的成立对票据到期处理进行了系统性的优化，在大部分流程中已消除了因为承兑人操作风险导致的违约。

1.票交所成立前票据承兑人违约处置机制。传统纸票时代，持票人通过商业银行委托收款来回收票款。纸质票据委托收款存在两个问题：一是票据传递中的遗失风险，二是票据背书瑕疵风险。票据遗失后，持票人需要申请挂失止付，再申请公示催告。整个流程涉及持票人、商业银行、法院三方机构，耗时长且持票人无法获得任何经济补偿。票据背书瑕疵是纸票时代承兑人拒绝付款主要事由。对于票据背书瑕疵市场没有统一的标准，也没有具体的法律法规可以遵循。因此，在一些商业银行存款考核的关键时点和承兑人出现暂时性流动性紧张时，承兑人往往会滥用票据背书瑕疵这一理由，拖延支付票款。2009年电子商业汇票系统推出后，电子商业汇票到期收款没有遗失和背书瑕疵的问题。但是，2018年宝塔财务商业汇票到期不兑付事件暴露出了电子商业汇票系统问题，即持票人到期提示付款，电票承兑人可以不予应答，导致持票人无法取得拒付证明，也无法在系统里发起追索。

2.票交所时代票据承兑人违约处置机制。票交所时代对于票据到期兑付，最重要的是重新梳理了票据兑付的相关系统规则，并将追索的流程优化，提升了票据追索的确定性和效率。包含以下几方面内容：

一是创新纸质票据付款确认流程，提升纸质票据到期付款的确定性。票交所成立后，对于已贴现的纸票，票据保管人可以向承兑人申请付款确认；已完成付款确认的纸票，到期承兑人不能拒绝付款。付款确认流程就是将承兑人对票据背书瑕疵审核提前，由纸票贴现行来承担票据背书瑕疵的责任，确保最终持票人可以在票据到期日获得付款，同时不影响持票人继续背书转让票据。

二是明确票据到期清算规则，通过设置清算账户提升票据清算效率。对于已贴现的银行承兑汇票，到期后票交所直接扣划承兑银行或财务公司的资金账户，避免银行或财务公司因操作风险导致违约。

三是简化已贴现票据的追索规则，保障持票人票据权利。票交所会员在加入开展交易前需签订《主协议》。《主协议》约定会员机构转贴现买入的票据，到期承兑人拒绝付款的，持票人只能向贴现行及其前手追索，免除了贴现行之后的背书人的被追索义务，并且持票人发起追索后，无须贴现行应答，票交所直接将贴现行资金扣划至持票人账户。票交所对转贴现市场买入票据追索权的简化可以避免持票人因票据追索权的行使陷入诉讼之中，使持票人利益可以快速获得保障，提升了持票人行使追索权的确定性和追索权执行的效率。

四是缩短提示付款应答时间，对于怠于应答的承兑人系统自动拒付。《票据交易管理办法》规定，已贴现商业汇票提示付款后，承兑人必须在提示付款当日应答，承兑人不应答的视为拒绝付款。在票交所成立之前，由于清算效率的问题，银行承兑汇票承兑人可以在最晚提示付款的次日应答，而商业承兑汇票的承兑人则可以最晚在收到提示付款的4个工作日内应答，承兑人未应答的，还可以延长一日由承兑人的开户行代其应答。提示付款的应答时间过长意味着票据的实际解款日和到期日间存在差异，会给持票人的流动性管理带来影响，同时也侵害了持票人的利益。根据票交所发布的《新一代票据业务系统业务方案》，未来所有类型的商业汇票都将统一在提示付款当日应答，承兑人未应答的系统将自动拒付。

五是建立商票信息披露制度，为企业商票信用体系建设夯实基础。2020年12月18日发布的《中国人民银行公告〔2020〕第19号》规定，承兑人应当于每月前10日内披露承兑信用信息，包括累计承兑发生额、承兑余额、累计逾期发生额、逾期余额等。承兑人的承兑信息和逾期信息对持票人是否愿意接受承兑人承兑的商业汇票具有重要的参考价值，因为承兑人可能利用与持票人之间的信息不对称，超过自己的信用水平签发商业汇票，或已发生大量逾期仍在承兑商业汇票的情况。通过商票信息披露制度，承兑人会更加珍视自己的商票信用，避免技术性违约，提升商票在票据市场的占比和流通性。

三、完善票据市场违约处置机制相关建议

票交所成立后，一系列规章和制度的执行在很大程度上解决了传统票据市场违约规范不足、无法对违约方进行处置的问题。但是，目前票据市场中仍有部分遗留问题和一些新的情况。借鉴其他金融市场对违约行为的处置的机制和经验，笔者建议未来可以从以下几个方面对票据市场违约处置机制进行完善。

（一）完善回购交易违约票据处置流程

回购交易是金融市场参与者拆借资金的一种方式。在回购交易中，交易标的是资金而非资产。为了保障正回购方到期还款，票据市场的回购交易都需要设置担保。票交所内开展的回购交易担保方式有两种：正回购方将票据质押给逆回购方的为质押式回购，正回购方将票据卖断给逆回购方的为买断式回购。对担保物的处置规则和流程是回购交易违约处置的核心。目前，按照《主协议》规定，质押式回购正回购违约的，质押票据到期由逆回购方向承兑人提示付款，并收取票据款项。买断式回购正回购方违约的，逆回购方有权自行处置该回购票据[①]。《主协议》对回购交易违约的处置可以从两方面进行完善：

一是建议明确对担保物的处置是为了清偿回购债务。对于质押式回购而言，逆回购方行使提示付款收到的票据资金其实是质押物（票据）的转换形

[①] 买断式回购首期由正回购方将资产卖断给逆回购方，到期由正回购方将资产买回。交易双方买卖资产的目的是在回购期间使用资金和收取收益，并非真实希望转让资产。因此，标的的买卖实质是一种由交易双方通过约定形成的担保方式。我国最高人民法院在司法判例中确认该种形式的交易属于让与担保，买卖标的应按照担保的相关规则处理。

式，即质押物从票据变为了现金。逆回购方收到的票据资金应按照担保物来处理。按照《民法典》第四百三十八条规定："质押财产折价或者拍卖、变卖后，其价款超过债权数额的部分归出质人所有，不足部分由债务人清偿。"逆回购方对收到的票据资金具有优先清偿自己债务的权利，但对于清偿债务的剩余资金应当向正回购方返还。同样，在买断式回购中逆回购方可以处置票据，对于处置票据收到的资金具有优先受偿的权利，剩余资金应当向正回购方返还。

二是建议进一步优化对担保物的处置方式。质押式回购正回购方违约后，逆回购方只能在到期后处置担保物。自正回购方违约日起至逆回购方收到票据资金期间，正回购方需要承担违约期间的利息并支付罚息。如果正回购方质押的票据是高流通性的票据，允许正回购方对质押票据进行处置，通过处置获得的资金来偿还逆回购方，则正回购方可以少付违约金，逆回购方也可以提前收到回购资金；买断式回购正回购方违约后，逆回购方可以自行处置回购票据。但是，由于回购票据是回购交易的担保物，《民法典》第四百三十六条规定"质权人可以与出质人协议以质押财产折价，也可以就拍卖、变卖质押财产所得的价款优先受偿。质押财产折价或者变卖的，应当参照市场价格"。因此，虽然《主协议》约定了逆回购方可以自行处置回购票据，但按照《民法典》规定，其仍需要与正回购方协商处置方式。建议票交所提供回购违约票据处置功能，如违约票据拍卖市场。在该拍卖市场中，正回购方或逆回购方可以对违约的票据申请拍卖。拍卖结束后，票据拍卖的价金逆回购方可以优先受偿，如有剩余则返还正回购方。

（二）完善电子商业汇票到期兑付流程

票据到期兑付是整个电子商业汇票生命周期中的最后一环，也是最重要的一环。目前，在电子商业汇票到期兑付中仍然存在堵点，主要有三个方面：一是提示付款应答期限不统一；二是提示付款自动拒付的标准不一致；三是电票拒绝付款证明的形式未明确。

1.提示付款应答期限不统一。《票据法》第五十四条规定："持票人依照前条规定提示付款的，付款人必须在当日足额付款。"因此，商业汇票应当在提示付款当日付款。但是在业务实践中商业汇票到期托收却有"兑付期限"的规定，不同介质的票据，以及是否发生贴现，都会影响这一"兑付期限"，使企业、银行、财务公司按期兑付造成困难。

如《电子商业汇票业务管理办法》规定，银行承兑汇票到期，持票人提示付款后，承兑人应在当日至迟次日付款。商业承兑汇票到期，承兑人收到提示付款申请后应当在三个工作日内应答。承兑人未及时应答的，承兑人开户行应在次日根据承兑人账户余额情况进行应答。《票据交易管理办法》第五十六条规定："持票人在提示付款期内通过票据市场基础设施提示付款的，承兑人应当在提示付款当日进行应答或委托其开户行进行应答。"通过票据市场基础设施提示付款目前是指已贴现商业汇票，故已贴现的电子商业汇票提示付款应答期限与未贴现的电子商业汇票不同，然而在未贴现的电子商业汇票中，银行承兑汇票提示付款应答期限和商业承兑汇票也不同。

2.提示付款自动拒付的标准不一致。根据《上海票据交易所关于规范电子银行承兑汇票提示付款应答的通知》，银行承兑汇票承兑人收到提示付款请求的次日（遇法定休假日、大额支付系统非营业日、电子商业汇票系统非营业日顺延）仍未应答的，电子商业汇票系统于日终时变更票据状态为拒付状态，解决了因银票承兑人存在未及时应答，导致持票人无法在系统发起追索的情况。而商业承兑汇票未及时应答的情况，按照《电子商业汇票业务管理办法》规定，由其开户行代为应答。然而，商业银行作为承兑人时对自己的债务都有可能不及时应答，对于他人的债务，更会怠于应答[①]。电子银行承兑汇票提示付

---

① 目前系统中存在大量持票人已提示付款，在规定期限后承兑人仍未应答，开户行也没有代其拒付的情况。

款未应答的自动拒付，与商业承兑汇票提示付款由开户机构代为拒付之间存在标准的不一致。

3.电票拒绝付款证明形式未明确。《票据法》规定拒绝付款证明由承兑人出具，对于拒绝证明的内容未作明确规定。《电子商业汇票业务管理办法》规定，拒付追索时，拒付证明为票据信息和拒付理由。但是在电子商业汇票拒付中，大部分情况下承兑人不会主动向持票人出具拒绝证明，更不会告知持票人拒付理由。这就为持票人向法院提请诉讼追索造成了障碍。

根据票交所发布的新一代票据业务系统规划，未来电子商业汇票提示付款都需要在当日应答，承兑人未应答的将自动拒付。该做法完全解决了上述第一和第二个问题。但是，商业银行开发对接新一代系统仍需要经历一个漫长的过渡期，提前统一提示付款应答期限和自动拒付标准可以帮助市场提前适应新一代票据业务系统规则，方便企业届时能直接从电子商业汇票系统切换至新一代票据业务系统。对于拒绝付款证明，建议在新一代票据业务系统中提供拒绝付款证明打印模块，由系统生成固定格式的拒绝付款证明，方便持票人在向法院申请诉讼时提供。

（三）加强违约监测、严肃承兑人兑付纪律

在大部分金融市场中，发行人出现违约后，其已发行证券或债券会加速到期，且不允许发行人继续发行新的证券或债券。目前，票据市场没有类似规定，承兑人违约后对承兑人也没有特别的规范和限制。近期，票据市场也爆出类似风险，如恒大集团商票违约[①]。商业汇票是一种远期支付工具，具有信用

---

① 《关于三棵树涂料股份有限公司2021年度非公开发行股票申请文件反馈意见的回复报告（补充2021年半年报）》对截至2021年6月30日公司已到期尚未兑付的票据金额、以房产兑付到期商业承兑汇票事项、期后偿还等情况进行了披露。具体披露情况如下："2021年1—6月，因个别大型地产商资金周转困难，公司应收票据出现逾期情形。截至2021年6月30日，除21953.05万元到期票据兑付款项以经评估的不低于票据价值的房产抵偿外，公司已到期尚未兑付的票据金额为1825.68万元。"

创造和风险传递的特性。商业汇票承兑人如果利用自己与持票人之间的信息不对称，大量签发商业汇票进行流转，就可能给市场带来风险，不仅给持票人造成损失，甚至影响其他持票人收授商业汇票的信心，为商业汇票的流通造成阻碍。

《中国人民银行公告〔2020〕第19号》要求承兑人披露自己的承兑信息和承兑信用信息。商业承兑汇票信息披露是建设企业商业信用的重要基础，承兑信用信息的披露可以打破持票人与承兑人之间的信息不对称，使承兑人珍视自己的票据信用，有效防范承兑人恶意违约或技术性违约。但是，根据公告内容，目前商票信息由承兑人自主披露，承兑人不披露的金融机构为其办理票据业务时应审慎办理。从业务规范看，承兑人自主披露存在不确定性，不披露的承兑人仅在部分金融业务受到限制，对承兑人的约束也不够严格。此外，商票信息披露制度仅能约束承兑企业，对承兑企业的关联企业、实际控制人以及高级管理人员无任何限制。这就可能使承兑企业的关联企业，或者实际控制人和高级管理人员通过新设企业的方式，避开信息披露的规定开展承兑和流通票据。

笔者建议，票交所应加强对违约承兑人的监测，对于连续违约的承兑人，应在承兑环节适当加以限制。此外，建议制定企业同一性判断标准，即不同企业之间，在满足一定条件后则认定为同一企业，如母子公司、公司高级管理人员和实际控制人相同等情况。满足同一性判断的企业，应作为同一企业处理，其中一家企业被禁止使用商业汇票的，其他企业也应被禁止使用商业汇票。

参考文献

[1] 储溢泉.我国信用债市场违约特征、原因及风险防范研究[J].新金融，2021(7):10-14.

[2] 寇宗来，盘宇章，刘学悦.中国的信用评级真的影响发债成本吗？[J].金融研究，2015(10):81-98.

[3] 喻贞，顾舒雯. 独立信用评级、债券定价和违约预测能力[J]. 复旦学报（社会科学版），2021，63(2)：142-153.

[4] Arraiz I. Default and Settlement: Payment Resumption and Disclosure of Information[J]. Social Science Electronic Publishing.

[5] Reinhart C M. Default, Currency Crises, and Sovereign Credit Ratings[J]. World Bank Economic Review, 2002, 16(2)：151-170.

[6] Stulz R M. Credit Default Swaps and the Credit Crisis[J]. Journal of Economic Perspectives, 2010, 24(1)：73-92.

基于应收账款票据化的
供应链金融路径研究

师伟哲[1]

[摘　要]　商业银行传统供应链金融模式以应收账款融资为主。在"互联网+"背景下，部分银行或第三方机构依靠核心企业资源和数字化优势搭建供应链金融平台，线上开展供应链金融业务，打造差异化定位，提高获客能力。但线上供应链金融平台存在监管风险、法律风险、信用风险等显著隐患，以及应收账款难以确权、核心企业信用传递衰退、企业融资成本较高、贸易背景真实性存疑、缺乏风险缓释机制、产业链被物理隔离等突出问题。本文经过研究分析，认为可以应收账款票据化的应对方式有效降低风险，并破解供应链企业融资难题。针对这些问题，建议人民银行联合相关部门，从强化供应链金融业务监管、规范供应链平台管理、引导市场主体运用供应链票据、强化商业银行内控机制、加强供应链金融财政支持力度、成立供应链金融纠纷调解中心等方面出发，坚持回归本源，引导市场健康合规发展。

[关键词]　供应链金融　应收账款　票据

---

[1] 师伟哲，供职于上海浦东发展银行西安分行。

一、供应链金融概述

当前,在构建以国内大循环为主体、国内国际双循环相互促进的新发展格局背景下,供应链金融不断加快发展,社会经济结构转型及产业链升级对供应链及其配套服务提出了更高要求。因此,基于中小企业融资难和银行业金融机构业务转型等因素,发展供应链金融对于银行和企业是双赢选择,为助推实体经济高质量发展起了关键作用。

在供应链体系中,核心企业主要是拥有核心资源和竞争力较强的集团型企业或大型企业。供应链的概念是核心企业通过控制信息流(信息的收集、传递、处理、储存、检索、分析等)、物流(商品的运输、仓储、流通等)、商流(商品价值的运动)、资金流(采购中涉及的财务资金往来)等重要环节,把握原材料的采购、中间产品和最终产品的制成以及销售网络渠道,将供应商、制造商、批发零售商和用户连起来的一条增值链。

供应链金融有效地将供应链和金融服务二者融合起来,基于供应链企业之间真实的贸易活动,面向供应链上所有企业统筹完成系统性融资安排,主体包括商业银行、核心企业、供应链上的其他中小企业等。供应链金融将信息流、物流、商流、资金流形成一个闭环,以解决核心企业、供应商、销售商的资金需求问题。

二、传统供应链金融模式

传统供应链金融业务依靠核心企业强大的资信实力,实行以供应链核心企业为主导的供应链金融运作模式,即"M+1+N"模式,商业银行对资信良好、实力雄厚的核心企业在授信充足的前提下,通过切入合适的金融服务和产品,借助核心企业的信用额度,向核心企业认可的上下游中小企业提供资金支持,资金定向用于向核心企业发货或者向核心企业打款购货,到期后首要还款来源为核心企业按时交付款项。

核心企业自身综合实力较强，对所处行业了解程度较深，对整个供应链上下游的产品、信息，以及上下游相关企业的优劣势、竞争力等情况都有充足的把握，全盘把握供应链系统的运行脉络，有能力整合全链条的商流、物流、资金流、信用流，并将自身的信誉向其上下游产业链进行有效转移。进而商业银行依托贸易背景和信用保障向产业链"供—产—销"各环节注入各种不同的融资产品，满足不同主体的融资需求。因此，对于产业链上各环节企业所处的行业地位和贸易背景特点、融资需求节点等，商业银行推出了适用于不同企业、不同环节的应收账款、存货及预付账款等供应链融资模式，本文以最常见的应收账款模式为对象进行分析。

产业链上游中小企业（供应商），在其产品销售环节将货物销售出去后，由于购买方为处于交易中强势地位的核心企业（或政府部门），会面临销售回款不及时的情况，但企业的生产经营具有持续性，需要持续采购和生产以实现持续销售供应，长此以往，应收账款延期收回对企业大概率会造成巨大的资金压力（见图1）。同时，核心企业也不愿意看到其上游供应商因为资金问题出现停产和断供情况，进而提高其管理成本，增加产品质量的不确定性。因此，商业银行基于对核心企业的授信额度，由核心企业对上述已形成的应收账款进行确认并作出付款承诺，供应商将应收账款的债权转让给商业银行，商业银行向供应商提供基于该笔应收账款的融资服务，包括反向保理、订单贷款、政采贷款、应收账款质押贷款等。

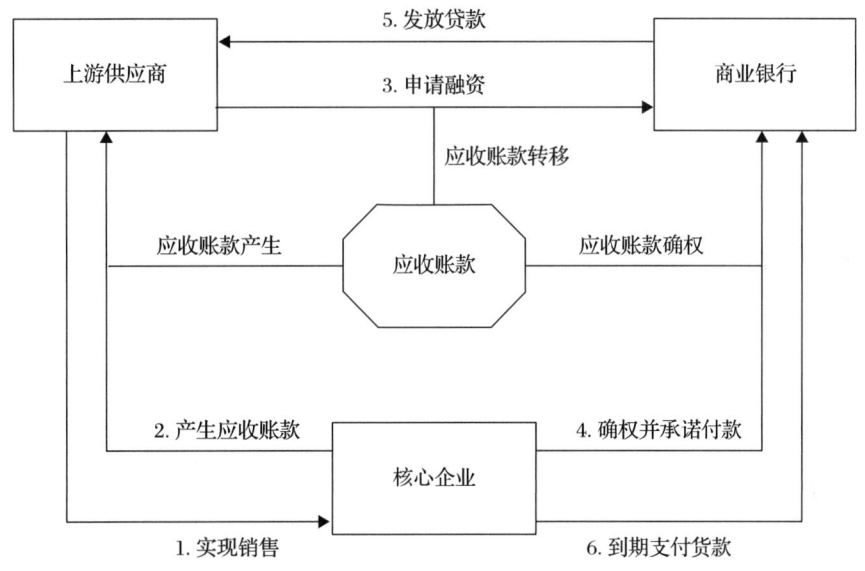

图1 应收账款融资模式原理

三、线上供应链金融模式

互联网和信息技术发展迅速，与产业链和金融服务融合速度加快，为物流、商流、资金流和信息流"四流"集成，供应链金融摒弃传统的线下流通方式转而采取线上平台传输。供应链金融服务的提供方不断增多，各类互联网服务平台不断涌现，线上供应链金融呈现平台化特征，业务模式演变为"N+N+N"模式。经过调查研究和梳理总结，本文将互联网供应链金融平台模式主要归纳为以下两种。

（一）以商业银行为主导的互联网供应链金融平台模式

以商业银行为主导的互联网供应链金融平台（见图2），指由银行或与银行有股权关联的金融科技公司、供应链金融服务商等自主搭建的供应链金融服务平台，商业银行针对特定核心企业供应链内上下游中小企业提供线上应收账款转让、管理及融资服务等。如"工银E信""建信融通""民信易链""平安好链""阳光供应链云平台"等。在平台上,具有优质商业信用的核心企业向供应商签发,记载基础交易合同项下买卖双方之间债权债务关系的电子化凭证,并对到期的付款责任进行承诺确认,各级供应商可将确认后的应收账款债权凭证转让给上一级供应商以抵偿债务,或转让给商业银行获取融资,从而盘活存量应收资产,得到应收账款金融服务。

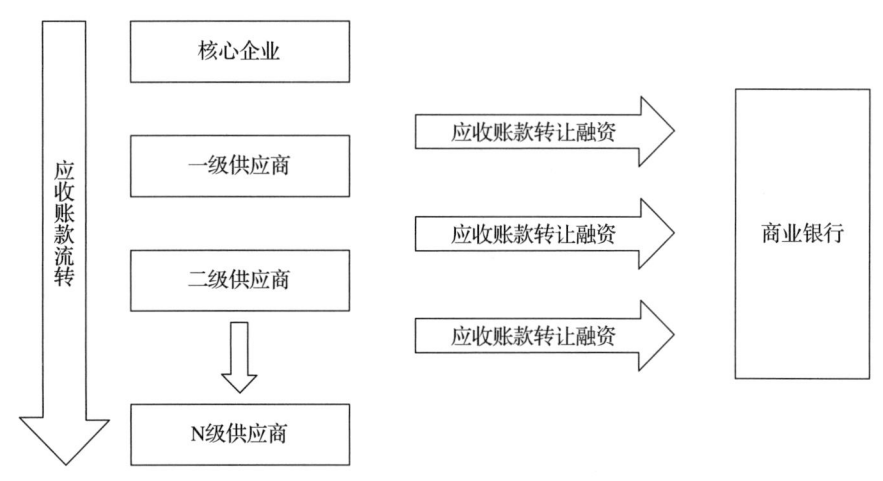

图2　以商业银行为主导的互联网供应链金融平台模式

据了解,商业银行依托本行核心企业客户搭建线上供应链金融平台开展供应链金融服务的动力主要源于以下三个方面:

一是通过产业链上下游批量获客。"互联网+供应链金融"使商业银行金融服务向上下游产业不断拓展,与供应链体系深度绑定。将银行资金源源不断地提供给供应链的上下游、代理、销售各环节,资金不必再通过核心企业进行周转,银行能够批量营销大量中小企业客户,提高供应链金融服务效率,巩固银企关系,稳定银行业务和收入来源。

二是运用大数据手段强化风控措施。商业银行通过网络信息技术获得各种海量的平台交易数据,从数据中挖掘有价值的信息,进而建立高效的风控模型。供应链金融的核心仍然是风控,互联网大数据、云计算、远程视频等技术的运用使资金、信息与物流三者互相渗透,商业银行希望能对数据进行整合分析,强化供应链金融的风险管控措施,确保资金闭环运行和安全问题。

三是实现供应链整体效益最大化。立足于互联网技术,商业银行作为传统的金融行业核心参与者,可以重新构建金融生态圈。运用供应链管理的思想,通过搭建平台实现信息共享,从而将银行"存""贷""汇"业务嵌入整个链条,银行不再是单一的资金提供方,也不再单纯服务某一个企业,丰富的场景使其创收渠道更加多样化,各环节资金周转效率大大提高,同时使商业银行在每一个环节和每一次资金流转中尽可能收益最大化。

(二)以核心企业为主导的互联网供应链金融平台模式

核心企业主导的互联网供应链金融平台,一般由一家或几家大型核心企业或实力雄厚的管理公司发起成立,委托金融科技公司建设的供应链服务平台,如TCL集团发起成立的"简单汇"、多家央企成立的"中企云链"等。核心企业往往对于全链条的发展趋势与最新动态、链上企业的经营情况等均有较为深入的了解,可发挥信用辐射开展线上供应链金融业务,设计和组织整个供应链金融的交易流程。该种模式多出现于钢铁行业、设备制造行业、汽车行业等领域。

由核心企业为主导的供应链金融平台可汇聚N个核心企业及链属企业(见图3),属于"N+N+N"互联网供应链金融业务模式,并且汇聚N家银行、保理等金融服务机构。以中企云链为例,核心企业在平台上开具的"云信",具备可追溯、可拆分、可流转的特点,以"电子债权凭证+承诺到期付款函"为依托,由核心企业主导或平台负责发票、合同等可验证信息的初审服务,与各家金融机构达成共识,采取"线上大数据风控+自动化审批"模式,占用核心企业的间接授信额度,进行无追索的反向保理业务。

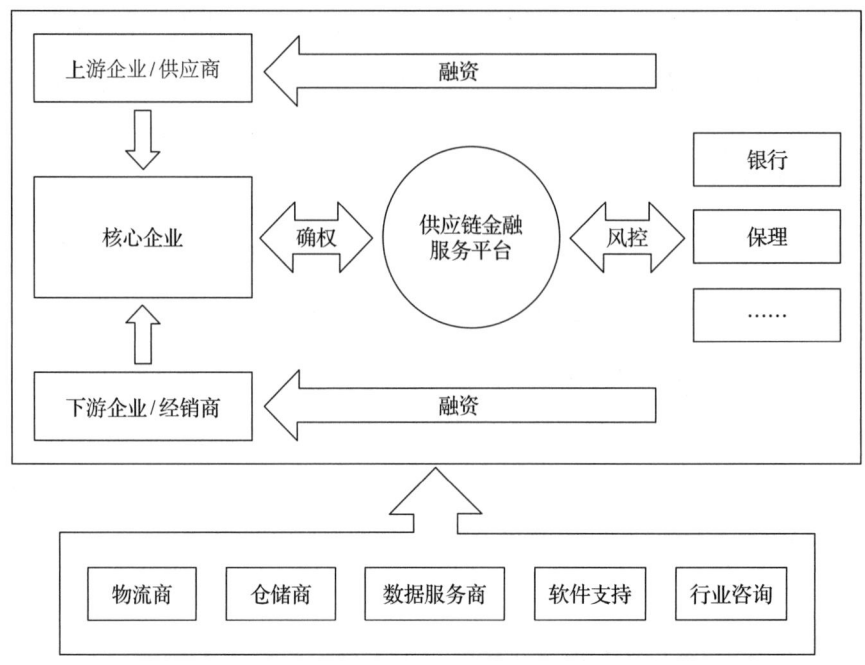

图3 以核心企业为主导的互联网供应链金融平台模式

据了解，核心企业依靠自身强势地位主导搭建线上供应链金融平台进行日常贸易结算、融资等业务的动机主要源于以下三个方面：

一是降低自身财务成本，当前，核心企业拖欠中小企业应收账款的情况较为严重，甚至存在有钱不付拿去投资套利的现象，一方面核心企业在线上供应链金融平台上开具虚拟的电子债权凭证的成本，远远低于在银行开立银行承兑汇票的手续费；另一方面由于核心企业在平台开立的应收账款电子债权凭证可以等量拆分，可以拆分后一次付给多家上游供应商，免去了传统银票质押换开的手续费。可以说，线上供应链金融平台脱离监管视野，为核心企业进一步压缩自身财务成本，并将其转嫁给上游供应商提供了便利。

二是隐藏自身实际负债，核心企业在平台上签发电子债权凭证来替代传统的商业汇票，当上游企业将无追索权的应收账款电子债权凭证转让给平台银行或保理公司贴现融资时，核心企业可以做到应收账款的出表，并且把自身的资产负债率降低。事实上，如果签发传统银行承兑汇票，核心企业必须提供真实的贸易背景合同发票，而通过平台签发电子债权凭证，则可以规避相关审查，甚至同一笔贸易背景重复利用，极大地隐藏了企业自身的实际负债情况。

三是增强对链条的控制力，核心企业依托供应链金融平台可以不断巩固自身在产业链和供应链内的核心强势地位以及话语权，要求供应链上下游企业只能在该平台进行支付结算和资金流转，进一步掌握和控制链条资金流、信息流与物流，甚至可能在脱离监管和大众视野的情况下侵犯和损害到供应链中小企业的利益，增加中小企业的财务成本和负担。

四、线上供应链金融模式存在风险及问题分析

通过上文可以看出，线上供应链金融模式实现了对产业链、供应链的金融科技赋能，解决了传统供应链金融模式效率低且信息不对称等问题。但同时我们也发现，线上供应链金融平台模式存在三大风险和六个方面突出问题。

（一）三大风险

1. 监管风险。互联网供应链金融发展的第一要素为合规经营，供应链金融服务平台呈现多元化趋势，对相关部门监督管理带来了一定的困难。部分企业假借供应链金融的名义从事违法违规行为，不利于供应链金融的健康稳定发展。所以供应链金融平台发展与现行金融监管体制在一定程度上存在错位，金融监管当局面临较大的监管风险。

2. 法律风险。当前，一方面，各类主体主导的供应链金融服务平台存在重复建设、运营体系自成一派等现象，绝大部分平台并不持有金融牌照，但却需要处理间接授信、保险引入、担保引进等相关金融业务；另一方面，我国动产担保制度尚不完善，主要体现在"未来收益权"担保的法律制度缺失，以及动产类抵押物的范围有限，关于处置抵押物的权利规定不够明晰，关于重复抵押

的监督管理不够严格。因此，缺乏相关规章制度和法律法规进行约束，法律风险突出是各类供应链金融平台均面临的问题。

3. 信用风险。信用风险主要在于核心企业信用风险，在各类线上供应链金融平台现行融资模式下，企业的第一还款来源就是核心企业到期支付的货款，如果作为付款方的核心企业无法按时支付货款，势必会影响整体供应链体系和融资人的还款能力以及还款计划，造成风险损失。所以对核心企业的综合实力、资信水平和还款能力的判断是一项重要审查环节，一旦核心企业的信用传递出现弱化，供应链企业偿债力弱，便会给资金提供方带来极大的信用风险。

（二）六个方面突出问题

1. 应收账款难以确权。应收账款债权的确权是供应链融资的基础和依据，由于缺乏法律和制度保护，供应链中小企业应收账款确权的问题一直难以得到有效解决，核心企业因失信行为而付出的代价较小。特别是在线上供应链金融平台，核心企业开立的电子凭证只能在该平台传递使用，缺乏普适性，企业债权没有得到普遍承认。

2. 核心企业信用传递衰退。正是因为电子债权凭证公信力较低，所以其在流通过程中可能被下游企业承认并接受，也可能被拒收，这时核心企业的信用传递往往只经过几手就会衰退弱化甚至受阻，核心企业信用很难顺畅地传递至供应链末端，中小企业收到电子债权凭证后，难以继续向下支付，就会面临极高的变现成本和融资困境，进而影响资金周转。

3. 企业融资成本较高。规模较大的核心企业议价能力和话语权较强，凭借其庞大的供应商群体，核心企业签发各种"信、单、证、宝、通"等本质为"白条"的电子债务凭证来拖欠应付账款，这些"白条"由于缺乏公信力，仅可在平台内传递，甚至某些"白条"不被认可，难以进行逐级支付。在部分平台上，中小企业供应商需要支付高额利息、手续费进行应收账款变现融资，无形中筑高了企业的融资成本。

4. 贸易背景真实性存疑。目前，商业银行等金融机构主要通过企业提供财务报表、贸易背景，并在中登网对贸易合同、发票的登记情况进行核查，以检验贸易背景真实性和是否存在重复融资的情况，但实际上中登网对于应收账款的披露也不尽完善，而且某些平台上贸易背景的初审由平台组织完成，存在一定的系统漏洞和操作风险。一旦真实交易背景站不住脚，商业银行等资金提供方将面临较大风险。

5. 缺乏风险缓释机制。供应链金融平台监管约束力较弱，无形中弱化了客户评估准入、资格审查、贸易背景核查等方面的合规性，容易滋生风险。急需在风险防控方面引入独立的第三方保险、担保机构进行风险缓释，而目前多数供应链金融平台相关配套机制存在缺失。

6. 产业链被物理隔离。由商业银行或核心企业主导的供应链金融平台，均以自己的核心客户群体或产业链上下游供应商、经销商群体为圈子进行交易往来和供应链金融服务，各自体系相对封闭，信用传递难以破圈。各行各业之间无形之中被各平台所建立的供应链"信用孤岛"进行了物理隔离，相互之间缺乏良性互动，市场主体多元化受阻，呈现碎片状格局。

五、供应链金融发展的有效路径

基于前文分析，可以看出，供应链金融服务是以供应链企业间真实贸易活动为基础，面向供应链上所有企业的系统性融资安排。供应链金融将信息流、物流、商流、资金流建设为闭环，为核心企业、供应商、销售商提供了资金供给（见图4）。基于此我们认为，将票据引入供应链体系，依托票交所打造的供应链票据平台，对核心企业的信用通过真实的贸易关系实现上下游的拓展，实现整个供应链"应收账款票据化"，是一种具有较强可行性的路径选择。因为，供应链金融平台存在的三大风险和六个方面问题通过票据产品组合方案都能得到很好的解决。

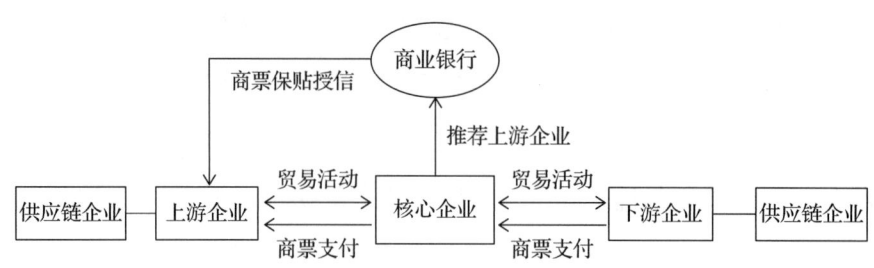

图4 供应链金融票据化场景模式

（一）解决应收账款确权问题

在供应链中使用票据进行支付结算，可以减少应付账款对于核心企业资金的占用，而中小持票企业也实现了法律保障和融资保障。法律保障是指票据是更为规范的应收账款表现形式，有《票据法》作为约束，签发票据即进行确权，意味着在法律上承认债务，不能赖账，不能拖欠，到期必须支付。

（二）解决核心企业信用传递问题

核心企业签发银票，信用就有效传递到供应链末端的持票人，银票贴现融资已经成为中小企业的主要融资方式；核心企业签发商票，可以以保贴的方式将信用传递到供应链末端，方便持票人办理保贴融资。此外，为了更好地解决核心企业信用因连续传递而衰减的难题，"供应链票据+标准化票据"融资产品应运而生，链上信用递减导致中小企业融资难、融资贵等难题得以化解。

（三）解决企业融资成本高问题

传统的供应链银票、商票业务，核心企业可以凭借强势信用与商业银行统一谈判供应商融资成本，帮助供应商降低融资成本；"供应链票据+标准化票据"新型融资产品因为引入新的市场投资者，破解了商业银行一家独大的情况，融资渠道更加通畅和宽广，加之人民银行再贴现货币政策工具的导向支持，对于降低中小企业融资成本大有裨益。

（四）解决贸易真实性甄别问题

自2021年8月起，所有企业开具的商票、供应链票据都必须在票交所平台进行信息披露，贸易背景真实与否一目了然。票交所掌握全市场票据报价交易、登记托管、清算结算等信息，并且作为信息枢纽进一步整合承兑人、企业财务信息，实现票据信息、票债交叉信息、承兑人工商税务信息等外部信息来源互联互通，同时通过披露债券违约信息和商业承兑汇票逾期信息，强化了信用风险防控。

（五）解决金融机构供应链产品风险缓释的问题

新的"供应链票据+标准化票据"融资产品会促使保险和担保机构积极嵌入供应链金融环节，探索研发创新型供应链金融保险产品，为供应链票据提供多形式保证保险业务，扩大承保覆盖面，做好供应链金融保险理赔服务，确保供应链票据标准化融资模式顺利开展。

（六）解决市场参与主体多元化，市场活跃度问题

票据产品能够实现金融服务与产业链有效对接和深度融合，继而促进整个供应链金融生态结构协同发展。作为票据市场供给侧结构性改革中的重要武器，"供应链票据+标准化票据"融资产品能够吸引更多参与主体，各方跨专业紧密协作，扩大市场容量，而且还能促进市场需求多样性，加速票据流转，降低企业融资成本，纵向拓展市场深度。

六、规范供应链金融发展的政策建议

基于提到的线上供应链金融平台模式存在的风险隐患、各类症结，本文建议人民银行联合相关职能部门，从强化供应链金融业务监管、规范供应链平台管理、引导市场主体运用供应链票据、强化商业银行内控机制、加强供应链金

融财政支持力度、成立供应链金融纠纷调解中心等方面出发，堵塞业务违规操作缺口，引导业务回归本源，维护贸易融资市场健康合规发展，保障有真实贸易背景的供应链企业获得低成本融资支持。

（一）建议人民银行强化供应链金融监管

目前针对供应链金融业务规范发展的具体规章制度相对较少，缺乏较为统一的监管标准和统计口径。为及时遏制供应链金融及供应链金融平台业务乱象，预防洗钱风险，避免引发系统性风险，建议人民银行根据市场实际，尽快制定出台一套业务管理办法或指导意见，规范商业银行主导平台的业务开展，明确相关数据统计汇报口径，及时堵住一些市场关注度高、亟待解决的业务管理缺口。特别要明确以下几点：一是应收账款信息披露问题，严格要求核心企业按时、规范、完整地披露自己的应付账款，包括合同、发票等信息，维护中小企业应收账款基本权益；二是贸易背景真实性问题，严格要求融资企业配合银行做好增值税发票签注，联合税务部门等对签注方式进行规范，避免企业利用未签注的发票原件进行重复融资和虚假融资；三是风险缓释机制问题，市场化引导保险、担保等机构参与供应链金融业务，形成"银保担"良性合作机制；四是融资成本问题，积极运用再贴现货币政策工具引导商业银行降低供应链企业融资成本，提高融资可得性，强化对重点领域和特色产业链的金融支持力度。

（二）建议国资委规范供应链平台运行管理

目前市场上各类供应链金融服务平台野蛮生长，特别是大型核心企业主导的平台隐患较大且脱离市场监管。作为大中型央企、国企的主要管理部门，建议国资委系统摸底、梳理、排查相关平台情况，并针对不同情况采取关停、整改、引导等措施。同时，联合人民银行、工信部等管理机构，出台办法规范平台运行，对于核心企业应收账款确权和利用平台"白条"拖欠应收账款等问题予以重点关注和监管。

（三）建议票交所引导市场主体运用供应链票据

2021年8月16日，票交所银行直连供应链票据平台上线，被看作"供应链票据2.0版"，该平台的上线是票交所推动应收账款票据化的重要一步。银行直连供票平台的上线，一方面，更有利于企业间应收账款票据化的规范和标准，改善"明保理、暗贴现"等抬高企业实际融资成本的现状，提高融资便利性，压降融资成本；另一方面，打破核心企业的"信用孤岛"瓶颈，有助于从源头实现应收账款票据化，通过核心企业实现信用传递。建议票交所以此为契机，引导企业、银行等各类市场主体统一接入银行直连供应链票据平台，逐步退出各自为政的供应链金融平台，推动应收账款票据化走向纵深，运用"供应链票据+标准化票据"组合拳，服务全市场多产业链企业进行贸易往来、支付结算和便利化融资。

（四）建议商业银行强化供应链金融内控管理

建议各商业银行以《关于规范发展供应链金融支持供应链产业链稳定循环和优化升级的意见》（2020年人民银行等八部门印发）等文件要求为指引，坚持供应链金融"以服务供应链产业链完整稳定为出发点和宗旨"；从总行自上而下，制定较为规范、细致、全面的供应链金融业务管理办法和实施细则，形成对监管措施落地执行的有效补充，明确业务和产品的牵头部门、准入条件、授信条件、风险管控等内容，确保商业银行在供应链贸易融资领域保持各自服务特色的同时，具有较为统一的展业标准。

（五）建议政府部门加强供应链金融财政支持力度

为提高供应链内参与主体的积极性，建议政府部门：一是成立供应链金融产业发展基金，由政府投资引导基金介入，发挥市场的资源配置作用和财政资金的撬动放大作用，对参与主体金融机构、核心企业等各方均加大投资力度，增强其资本实力；二是出台财政金融联合扶持政策，对于政府鼓励的融资产品提供专项贴息补偿措施予以扶持，降低企业融资成本；三是设立供应链金融专项奖励资金，定期奖励参与各方中具有突出创新贡献的单位，如金融机构、供应链服务公司、金融科技公司等。

（六）建议组织成立供应链金融纠纷调解部门

供应链金融业务牵涉主体方较多，涉及环节包括债权确权和再分配等，导致权益纠纷可能性比较大。在相关领域尚未立法前，建议组建供应链金融协会，并由协会牵头，成立供应链金融纠纷调解部门，充分运用专业优势和法律优势，调解供应链金融业务中产生的纠纷，推动供应链金融行业向规范化、专业化、健康化方向发展。

参考文献

[1] 陈启农，周宇润．关于大型国企供应链金融模式的思考[J].上海金融，2018(2)：79-81.

[2] 何瑛，陈洋，戴逸驰．京东供应链融资模式及影响因素分析[J].财务与会计，2016(17)：20-22.

[3] 孔燕．协同推动应收账款票据化[J].中国金融，2020(6)：48-50.

[4] 李海艇．应收账款质押融资问题研究[J].科技经济市场，2020(6)：72-74.

[5] 兰明慧．中小企业应收账款质押融资的研究[J].上海商业，2019(6)：65-66.

[6] 刘江．互联网时代供应链金融共享平台[J].中国物流与采购，2017(24)：53.

[7] 武传德，吴立，朱辉，等．核心企业主导模式下供应链金融平台分析——以中石化易派客平台为例[J].现代商业，2018，511(30)：82-83.

[8] 王晓东，李文兴．供应链金融研究综述与展望——基于产业与金融互动

机理[J].技术经济与管理研究,2015(7):100-103.

[9] 修永春,范铁光.供应链金融的创新路径与管理实践[J].银行家,2019,209(3):93-95.

[10] 夏雨,方磊,魏明侠.供应链金融:理论演进及其内在逻辑[J].管理评论,2019,31(12):26-39.

[11] 郑明敏.供应链下应收账款保理融资业务的探讨[J].财经界(学术版),2019(11):89-90.

[12] 邹倩,高源,扈健,等.大力发展票据供应链融资破解小微企业融资难题[J].中国银行业,2018,53(5):71-73.

[13] 张薇.互联网供应链金融创新模式研究——以欧冶云商为例[D].杭州:浙江大学,2017.

[14] Krishnankutty R, Jadiyappa N. Ownership structure and receivables management[J]. Journal of Public Affairs, 2020, 20(2):23-25.

[15] Luo Y, Wei Q, Ling Q, Huo B F. Optimal Decision in a Green Supply Chain: Bank Financing or Supplier Financing[J]. Journal of Cleaner Production, 271:122090.

国际经验

国际金融动态

上海票据交易所　编译

国际商会就《供应链金融技术标准定义》中"动态折扣"方式发布说明文件

国际商会（ICC）等组织曾于2016年发布《供应链金融技术标准定义》，并于2021年进行定义更新，增加了企业付款承诺、动态折扣（Dynamic Discounting）和银行付款承诺三种新方式，并于近期补充发布了动态折扣的说明文件，明确了该融资方式的概念、参与方以及其他技术性细节（见图1）。

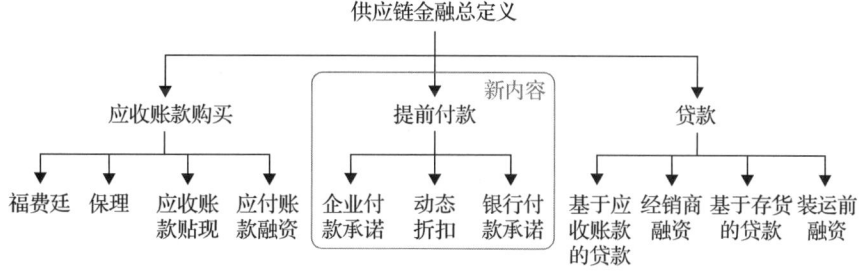

注：在《供应链金融技术标准定义》中，福费廷指无追索权地买断由金融工具或付款责任（通常可流通形式）所代表的未来付款责任，其近似表达包括无追索权融资、无追索权的本票/汇票贴现。福费廷要求存在一个基础性的付款责任，通常体现为区别于商业交易背景的某些具有法律效力的工具，如本票和汇票，但信用证项下的付款责任也广泛用于办理福费廷。上述工具适合办理福费廷业务得益于拥有健全的法律体系，且凭借法律或协议约定都独立于基础贸易本身，因此通过背书或转让可很容易转给第三方。福费廷市场由一级市场和二级市场构成。

图1　最新《供应链金融技术标准定义》中各供应链金融方式分类

动态折扣由买方企业主导，允许卖方以一定折扣获得买方就未到期发票作出的提前付款。折扣率根据实际付款时间距发票原始到期日的天数动态计算，买方越早付款，获得折扣就越多。动态折扣中，提供融资的不是金融机构，而是买方自身的营运资本。可由技术平台提供折扣额计算和其他相关服务。

资料来源：*Global Supply Chain Finance Forum Announces Update to Its Standard Definitions to Include Description of Dynamic Discounting*（www.iccwbo.org）。

美国正在进行相关法律的修订以确认电子化流通工具的法律地位

2020年，全球贸易和贸易融资的电子化进程开始加快，2021年延续了这一趋势。贸易融资相关单据的电子化是其中一个工作方向，多国和地区正在为此创造适宜的法律环境，国际商会也在呼吁各国政府协调其国内法律框架，以符合联合国国际贸易法委员会制定的《电子可转让记录示范法》（以下简称示范法）。示范法以功能等同和技术中立原则，使电子可转让记录在境内与跨境贸易中均可合法使用。

截至2021年底，新加坡、英国、巴拉圭、巴林等国已经或正在按照示范法修订本国相关法律。七国集团也于2021年4月提出在主要经济体中采用电子可转让记录，使数字化解决方案在货物运输和贸易金融中得到运用。美国虽然还没有任何联邦政府层面的法律法规承认电子形式的流通工具（Negotiable Instrument），但鉴于转向全面电子化的贸易融资体系的紧迫性，目前正在开展两项工作：一是《统一商法典》（UCC）修订委员会正在起草法典第3编《流通工具》的修正案，二是联邦政府将修订《电子签名法》，纳入电子化流通工具。

资料来源：*Progress on Trade Digitization in 2021*（www.baft.org）。

德意志银行发布第三版《应付款融资指南》

德意志银行是供应链金融领域较活跃的商业银行之一，近期发布第三版

《应付款融资指南》，介绍了应付款融资（Payables Finance）的发展过程、在供应链中的作用、面临的挑战等。应付款融资是供应链金融的一种方式。根据国际商会《供应链金融技术标准定义》，应付款融资又可称反向保理，是由买方企业主导、使其供应链中的卖方能通过应收款购买获得融资的一种安排。作为回报，买方通常能延长付款期限，在最终确定的到期日向资金方支付全额应付款。应付款融资这一模式的基础，是买方对其付款义务向资金方的确认。

虽然应付款融资在20世纪90年代就存在了，但却是2008年的国际金融危机推动了其发展。金融危机使许多制造商和供应商面临破产，而来自商业银行的信贷支持却在减少，企业只能越来越多地从营运资本管理入手，解锁供应链中闲置的流动性。因此，买方开始延长向供应商的付款期限，从而给小供应商带来压力。此外，金融危机使大型企业意识到战略性供应商的破产可能给自身生产线带来负面影响，这些大企业因而开始关注其供应基础的稳定性并寻找能帮助关键供应商的新方法。在此背景下，银行主导的应付款融资发展起来，使买方企业可在不威胁供应链稳定性的前提下延长或维持现有支付条款，供应商则可借助供应链中评级较高实体（买方）的信用获得融资。

近年来，英国脱欧、中美经贸摩擦和新冠肺炎疫情，进一步促使企业将维护供应链韧性作为首要任务。尤其是新冠肺炎疫情暴发后的几个月，许多供应商流动性枯竭，而加入供应链金融项目能帮助其生存下来，确保持续供货，因此出现了应付款融资需求的大幅增加。

通常，买方企业要确保将有限的信贷资源向最具战略意义且最需要资金支持的供应商提供，因此小型供应商并不是传统供应链金融的支持对象。应付款融资的局限之一也是只能覆盖核心买方最重要的供应商。然而，随着供应链稳定性成为关键，将应付款融资扩展到长尾供应商的需求也开始增加，但满足这一需求面临许多挑战。首要挑战，是必须使长尾部分的供应商顺利加入融资项目和接入融资系统，这是十分冗长和艰难的工作。此外，加入的供应商数量必然会在某个时点达到买方企业所能承受的极限，而却仍无法覆盖有融资需求的全部供应商。目前，缓解这一僵局的方法可能是动态折扣（Dynamic Discounting），买方和供应商通过不同付款时点的不同折扣率促成供应商更快得到付款。

资料来源：Payables Finance - A Guide to Working Capital Optimisation and Supply Chain Risk Management (3rd edition)（www.db.com）。

英国发布贸易单据电子化立法草案并提交议会

2022年3月16日，英国法律委员会发布贸易单据电子化立法草案，在推动汇票、本票、提单等贸易单据电子版本的合法化上又进一步。目前有关报告及法案已提交议会，英国政府表示将在议会时间允许的情况下引入相关立法。英国法律委员会曾于2021年4月就贸易单据电子化立法草案向各界征求意见。调整后的立法草案适用于汇票、本票、提单、船运交货单、仓单、收货单、海运保险单和货物保险证明，在上述单据的电子形式满足一定要求时，赋予电子单据与纸质单据相同的法律效力。草案采取单独立法形式，符合2017年联合国《电子可转让记录示范法》。

立法草案原文翻译如下：

为相关目的，就电子贸易单据作出规定：

1. "纸质贸易单据""合格电子单据"定义。

（1）就本法而言，一份单据是"纸质贸易单据"，如果

　　（a）它是纸质的；

　　（b）出于法律要求或商业习惯、用法、实践，要获得单据上权利必须占有该单据。

（2）以下单据，如果符合（1），就属于纸质贸易单据：

　　（a）汇票；

　　（b）本票；

　　（c）提单；

　　（d）船运交货单；

（e）仓单；

（f）收货单；

（g）海运保险单；

（h）货物保险证明。

（3）就本法而言，电子形式的信息若存在于纸质单据上时，能使该单据成为纸质贸易单据，则该信息，连同任何在逻辑上与其关联的其他电子形式信息，构成"合格电子单据"。

2."电子贸易单据"定义。

（1）就本法而言，合格电子单据是"电子贸易单据"的条件是有一个可靠系统，能够

（a）识别单据，以便与任何副本区分开来；

（b）避免单据在未经授权情况下被更改；

（c）确保在任意时间点，不可能由一个以上的人控制该单据；

（d）允许任何控制该单据的人证明自己拥有这项控制权；

（e）确保单据的转让能够剥夺在转让前控制该单据之人的控制权（除非该人是能行使控制权的受让人）。

（2）为施行（1）：

（a）当某人转让或以其他方式处置单据时（无论该人是否有这样做的合法权利），该人行使单据控制权；

（b）共同行事的多人将被视为一人。

（3）阅读或查看单据本身并不足以构成（2）中的单据使用。

（4）在确定系统是否具有（1）中的可靠性时，可关注的事项包括：

（a）系统运行规则；

（b）为确保系统中信息的完整性而采取的措施；

（c）为防止未经授权访问和使用系统的措施；

（d）系统所使用硬件和软件的安全性；

(e)独立机构对系统进行审计的规律性和范围；

(f)由具有监督或监管职能的机构对系统的可靠性作出的评估；

(g)任何适用于系统的自愿计划或行业标准中的规定。

3. 电子贸易单据的占有、背书和效力。

（1）对电子贸易单据，一个人可以占有、背书和放弃占有。

（2）电子贸易单据与等同的纸质贸易单据具有相同效力。

（3）电子贸易单据上任何与可在等同的纸质贸易单据上作出行为相对应的行为，对电子贸易单据具有与纸质贸易单据相同的效力。

4. 形式转换。

（1）纸质贸易单据可以转换为电子贸易单据，并且可以将电子贸易单据转换为纸质贸易单据，如果（且仅当）：

(a)单据已被转换的声明包含在新形式单据中；

(b)已遵守与单据转换相关的任何合同要求或其他要求。

（2）当单据已按照（1）转换：

(a)旧形式的单据不再有效；

(b)所有与原单据有关的权利和义务继续对新单据有效。

5. 不适用第1~4节的单据和工具。

（1）本法第1~4节不适用于列于本节（2）中的单据或工具。

（2）名单如下：

(a)不记名债券；

(b)可通过符合《无认证证券2001》（S.I. 2001/3755）相关制度转让的未认证证券。

（3）国务卿可根据法定工具的规定添加、删除或修改（2）中所列条目。

（4）本节中的规定可作附带的、相应的、过渡性的或保留的条文。

（5）除非有关某工具的草案已在议会各院提出并决议通过，该工具不得成为符合本节规定的法定工具。

6. 相应的规定。

（1）在1882年《票据法》第89B（2）条（适用 89A 条的文书）末尾插入"或者基于《2022年电子贸易单据法案》的，作为电子贸易单据的票据（见该法案第2节）"。

（2）在1992年《海上货物运输法》（海运单据等）第1节中，删除第（5）及第（6）款。

7. 范围、生效和法律简称。

（1）本法仅适用于英格兰和威尔士。

（2）本法自通过之日起两个月后生效。

（3）本法不适用于在本法生效日前发布的单据。

（4）本法可被引为《2022年电子贸易单据法》。

资料来源：Electronic trade documents: Report and Bill（www.gov.uk）。

亚洲保理业务特点及风险

目前，亚洲地区保理业务占全球保理市场的25%，而20年前这一比例是12%。亚洲的金融体系以商业银行为主导，因此亚洲保理业务的发展从一开始就具有强大的银行属性，从业者对保理的认识受到传统借贷思维的强烈影响，将其误解为应收账款转让形式的借贷行为。当保理被视为企业贷款的另一种方式时，其价值和关键管理方法很容易被忽视。认知偏差加上适当流程的缺失，发生"黑天鹅"事件只是时间问题。实践中，这些漏洞使一些人通过伪造交易和应收账款获得融资。过去十年，亚洲各地爆发了大量应收账款融资欺诈案件。

许多亚洲的银行和保理公司专注于反向保理，这比直接为各中小企业提供正向保理更为轻松。还有一种叫作"多级融资"的做法也越来越受欢迎。多级融资是以核心买方的电子支付承诺作为交易链的基础，给供应商的供应商提供融资。这种方式令人担忧的是集团内部公司间的关联交易基本不受限制。当一种供应链金融模式缺乏保理的风险管理逻辑时，便可能出现格林希尔式或其他形式的欺诈。

资料来源：*After Two Decades of Steady Growth, Are We at a Breakthrough Moment for Factoring in Asia*（www.fci.nl）。

亚洲地区可持续金融相关制度进展

国际资本市场协会（ICMA）梳理了其与亚洲部分国家在推动可持续金融相关原则共识方面的有关进展。在中国，ICMA与中国银行间市场交易商协会在可持续金融方面持续开展密切合作，推动在有关原则上形成共识。中国银行间市场交易商协会继2021年4月发布《可持续发展挂钩债券问答》后，于11月发布《关于试点开展社会责任债券和可持续发展债券业务的问答》，该文件基于ICMA《社会责任债券原则》（SBP）和《可持续发展债券指引》（SBG），是交易商协会与ICMA有关原则保持一致的又一项进展。

ICMA在日本制定社会债券指引期间密切参与了有关讨论。日本金融厅于2021年10月公布了《社会债券指引》，与ICMA《社会责任债券原则》一致。2021年5月，日本经济产业省、金融服务厅和环境部联合发布《气候转型金融基础指南》，与ICMA《气候转型金融手册》一致。

在东南亚，ICMA为东盟可持续金融分类法的设计提供建议，东盟分类法委员会（ASEAN Taxonomy Board）于2021年11月发布第一版《东盟分类法》（ASEAN Taxonomy for Sustainable Finance）。ICMA也在与马来西亚、泰国等地的监管机构和基础设施就可持续发展挂钩债券有关制度进行合作。

资料来源：*Sustainable Finance*（www.icmagroup.org）。